Interaktionsspiele
Teil 1

Band 1 der Reihe
Lebendiges Lernen und Lehren

Klaus W. Vopel

Interaktionsspiele

Teil 1

iskopress

15. Auflage 2022

ISBN 978-3-89403-171-8

(Teil 1 der „Interaktionsspiele 1-6"
ISBN 978-3-89403-170-1)

Copyright © iskopress, Salzhausen
Umschlag: Mathias Hütter, Schwäbisch Gmünd
Satz und Layout: Alrun Kerksiek
Druck und Bindung: WirmachenDruck, Backnang

**Bibliografische Information der
Deutschen Bibliothek**
Die Deutsche Bibliothek verzeichnet diese Publikation in
der Deutschen Nationalbibliografie;
detaillierte bibliografische Daten sind im Internet
über http://dnb.ddb.de abrufbar.

Inhalt

Einleitung

Die Interaktionsspiele dieser Reihe sollen alle diejenigen unterstützen, die durch eines unserer Trainingsseminare angeregt wurden, das Prinzip des Living Learning (Norman Liberman) in ihre berufliche Praxis zu übertragen. Darüber hinaus gestatten die sorgfältige Auswahl und die ausführliche Darstellung der Interaktionsspiele auch gruppendynamisch unerfahrenen Leitern von Lern- und Arbeitsgruppen ein erstes behutsames Experimentieren. Gleichzeitig hoffen wir, dass mancher durch die Arbeit mit Interaktionsspielen dazu angeregt wird, seine Kompetenz als Gruppenleiter in interaktionellen Gruppen zu verbessern.

Die präzis strukturierten Lernsituationen der Interaktionsspiele sind für zwei Anwendungsbereiche entwickelt:

- Sie helfen jeder Lern- und Arbeitsgruppe, die Kommunikations- und Kooperationsfähigkeit der Teilnehmer und damit die Qualität des Gruppenprozesses zu verbessern.
- Sie lassen sich als Curriculumbestandteile in psychosoziale Ausbildungsgänge einbeziehen (z. B. Sozialpädagogen-Ausbildung, Lehrerbildung, Personalführungsseminare, Sozialkunde-Unterricht etc.).

Die Interaktionsspiele sind als Instrumente gedacht für Lehrende in allen Bereichen sowie für Gruppenleiter in helfenden und administrativen Berufen.

Um ihre Anwendung zu erleichtern, sind die Interaktionsspiele verschiedenen Problembereichen zugeordnet, die in allen Gruppen eine wesentliche Rolle spielen, nämlich

- Akzeptierung und Angstabbau in der Anfangsphase,
- Wahrnehmen und Kommunizieren,
- Aktivierung bei Müdigkeit und Unlust,
- Entwicklung von Vertrauen und Offenheit,
- Beziehungsklärung und Feedback,
- Umgang mit Einfluss, Macht und Konkurrenz,
- Konsensus und Kooperation,
- Personal Growth (Persönlichkeitsentwicklung; ab Teil 2),
- Rollen flexibler spielen (ab Teil 4).

Die hier ausgewählten, vielfach erprobten Interaktionsspiele ermöglichen ein erfahrungsbezogenes Lernen in der Gruppe. Sie isolieren aus kompli-

zierten sozialen Situationen einige wenige, wesentliche Elemente, sodass die Teilnehmer ihre emotionale und intellektuelle Energie auf einen Erlebnisbrennpunkt konzentrieren können. Durch die inhaltlichen und zeitlichen Grenzen, die mit der strukturierten Lernsituation gesetzt sind, führen die Interaktionsspiele in der Regel nur zu einer mäßigen psychischen Belastung. Die Gruppenmitglieder können sich in der Übungsphase sehr engagieren, um dann in der Auswertungsphase ihr Verhalten in aller Ruhe zu analysieren. Neben den für jedes Interaktionsspiel im Text angeführten spezifischen Auswertungsgesichtspunkten haben sich folgende Fragestellungen für alle Spiele bewährt:
– Was habe ich wahrgenommen?
– Was habe ich gefühlt?
– Was bedeutet das für mein Verhalten?
– Was will ich mit diesen Erfahrungen anfangen?

Gerade um auch Nichtfachleuten die größtmögliche Sicherheit im Umgang mit Interaktionsspielen zu geben, ist der Verwendungszusammenhang für jedes Spiel detailliert beschrieben. Aus dem gleichen Grund ist bei den Spielen der volle Wortlaut der Anleitungen gegeben.

Sie können in Ihrer Gruppe natürlich die Instruktionen mit Ihren eigenen Worten geben; machen Sie sich aber in jedem Fall ganz genau mit der Vorlage vertraut und verändern Sie nicht die einzelnen Schritte, wenn Sie nicht beträchtliche gruppendynamische Vorerfahrungen haben. Sie können nämlich die Feinheiten im Aufbau eines Spiels zunächst nicht sicher erkennen.

Schließlich möchten wir Ihnen noch einige wichtige Prinzipien für Ihre Arbeit mit Interaktionsspielen ans Herz legen:
– Garantieren Sie, dass kein Teilnehmer gezwungen wird, etwas zu tun oder zu sagen, wozu er nicht selbst bereit ist.
– Stoppen Sie Psychologisieren und Interpretationen. Fordern Sie die Teilnehmer in diesem Fall auf, lieber persönliche Reaktionen mitzuteilen.
– Wenn ein Teilnehmer weint oder auf andere Weise zeigt, dass er sehr betroffen ist, dann drücken Sie Ihr Verständnis aus und verhindern Sie gleichzeitig ggf. allgemeine Tröstungsaktionen der Gruppe.
– Wenn ein Teilnehmer längere Zeit im Mittelpunkt der allgemeinen Aufmerksamkeit steht, fragen Sie ihn, ob es ihm recht ist oder ob er lieber in Ruhe gelassen werden möchte.

- Bestimmen Sie (sofern möglich mit der Gruppe) das gegenwärtige Arbeitsziel und den Stand des Gruppenprozesses, ehe Sie ein Interaktionsspiel anwenden. Versuchen Sie eine klare Indikation.
- Geben Sie der Gruppe in großen Zügen das Ziel bekannt, das Sie mit dem Interaktionsspiel erreichen wollen.
- Beachten Sie, wie bereit die Gruppe für die Risiken und Belastungen eines Interaktionsspiels ist.
- Lassen Sie immer genug Zeit für die Auswertungsphase. Wenn Sie einmal nicht weiterkommen, dann sagen Sie es offen.
- Die Interaktionsspiele in diesem Heft sind Werkzeuge aus dem Bereich der humanistischen Psychologie. Wir bitten Sie, die Interaktionsspiele (wie alle „neuen" Werkzeuge) vorsichtig und mit Respekt zu verwenden und unter Berücksichtigung Ihrer eigenen Kompetenz.

Dringend empfehlen wir Ihnen das ausführliche Studium des „Handbuchs für Gruppenleiter. Zur Theorie und Praxis der Interaktionsspiele" (ISBN 978-3-89403-099-5). Sie können mit diesem Buch Ihr Verständnis des Gruppenprozesses vertiefen, sich auf einen konstruktiven Umgang mit Störungen vorbereiten und ein breites Spektrum von Interventionstechniken kennenlernen.

Klaus W. Vopel

1

Umgedrehte Namen

(nach Dan Malamud)

Ziele: Dieses Spiel macht die Teilnehmer Ihrer Gruppe auf eine wenig bedrohliche und recht verblüffende Weise miteinander bekannt. Die Gruppenmitglieder können erleben, dass Ruhe, Konzentration und die Aktivierung ihrer Phantasie den Zugang zur eigenen Innenwelt überraschend schnell eröffnen.

Der einzelne Teilnehmer bekommt Einblick in die existenzielle Befindlichkeit der anderen Gruppenmitglieder und lernt diese dadurch verhältnismäßig schnell intensiv kennen, sodass die Unsicherheit der Anfangsphase („Wer sind die anderen?" „Passe ich dazu?") zum Teil erheblich vermindert wird.

Teilnehmer: Alle ab 14 Jahren, für gruppendynamisch unerfahrene Gruppenmitglieder sehr empfehlenswert, da die Interaktionen sich langsam entwickeln können. Die Gruppengröße ist beliebig.

Zeit: Die Dauer der Übung richtet sich nach der Größe der Gruppe: Für 20 Teilnehmer müssen Sie – je nach Intensität des Auswertungsgesprächs – mit 60 bis 90 Minuten rechnen.

Spielanleitung: Bei dem folgenden Phantasieexperiment könnt ihr euch zunächst allein darauf konzentrieren, wo ihr im Augenblick seid – jetzt am Anfang dieser Gruppe. Wenn wir später darüber sprechen, werdet ihr dann so viel über die anderen Gruppenmitglieder erfahren, dass vermutlich ein Teil des Eises schmilzt, das ihr jetzt noch empfindet. Setzt euch bitte bequem hin und schließt die Augen. Haltet sie während des ganzen Phantasieexperimentes geschlossen...

Achtet einen Augenblick auf euren Körper... Welche Empfindungen könnt ihr feststellen?... (15 Sek.)

Konzentriert euch nun auf euren Atem... Wie atmet ihr?... Beginnt, etwas tiefer ein- und auszuatmen... (15 Sek.)

Ich werde euch jetzt zu einem kleinen Phantasieexperiment einladen. Bitte buchstabiert euren Vornamen von hinten... Betrachtet dann diesen umgekehrten Namen... Wie heißt dieser neue Name?...

Stellt euch vor, dass dieser umgedrehte Vorname ein Wort ist aus einer ganz fremden Sprache, wie sie vielleicht auf dem Mars von dessen Bewohnern gesprochen wird...

Sagt das Wort einige Male leise vor euch hin...

Stellt euch jetzt vor, dass das Wort in einem Lexikon der Mars-Sprache steht, und zwar in der linken Spalte – die rechte Spalte ist leer...

Dort wird als Übersetzung gleich ein Bild auftauchen oder eine schriftliche Definition... Wartet in Ruhe ab, was erscheint...

Wenn ihr die Übersetzung in der rechten Spalte gesehen habt, öffnet bitte eure Augen und wartet schweigend, bis alle anderen ebenfalls die Augen geöffnet haben...

Sobald alle Teilnehmer die Augen geöffnet haben, kann die Auswertung beginnen. Bitten Sie die Teilnehmer zunächst, nacheinander kurz zu berichten, was sie in der rechten Spalte gesehen haben.

Auswertung:

❏ Wie habe ich mich bei dem Experiment gefühlt?

❏ Was bedeutet mein Bild bzw. meine Definition für meine augenblickliche Situation?

❏ Kann ich in meinem Bild bzw. in meiner Definition irgendeinen wichtigen Teil oder Aspekt meiner Existenz sehen? Welchen?

❏ Wieweit kommen meine Erwartungen an die Gruppe dabei zum Ausdruck?

❏ Welche Reaktionen habe ich im Blick auf die Berichte der anderen?

Erfahrungen: Sie können dieses Phantasiespiel natürlich auch zu jeder beliebigen anderen Zeit machen, ich habe es häufig auch am Schluss einer Gruppe erprobt und dann erfahren, wie sich jeder im Blick auf das Ende des Seminars fühlt, d. h. dieses Imaginationsspiel bringt schnell zutage, was gerade bei jedem Einzelnen „anliegt".

Vermeiden Sie, die Phantasieinhalte zu interpretieren. Machen Sie Teilnehmer, die evtl. nichts gesehen haben, darauf aufmerksam, dass sie mit Sicherheit beim nächsten Mal besseren Gebrauch von ihrer Phantasie machen werden.

Schließlich: Machen Sie jetzt selbst die Probe, um zu sehen, was bei Ihnen auftaucht. ❏

2

Graffiti

(nach R. E. Bates)

Ziele: Wann immer eine Gruppe startet: Einige Mitglieder kommen eher, einige sind genau pünktlich, andere verspäten sich. Dieses Spiel benutzt diese schwierige Zeitspanne planmäßig, um
- den Gruppenmitgliedern Gelegenheit zu geben, sich auf die Aktivität der Gruppe einzustellen und
- dem Gruppenleiter die Chance zu geben, zu sehen, „wo" die Gruppenmitglieder emotional stehen und was ihre Erwartungen sind.

Teilnehmer: Alle ab 10 Jahren. Die Gruppengröße ist beliebig.

Material: Sie brauchen sieben große Packpapierbogen, die entweder an den Wänden des Gruppenraumes hängen oder auf Tischen liegen. Zu jedem Bogen gehört ein Filzschreiber. Auf jedem Bogen steht ein unvollständiger Satz, wobei sich die folgenden Satzanfänge bisher bewährt haben:

Ich hoffe, wir werden hier...
Ich hoffe, wir werden hier nicht...
Dies wird ein erfolgreiches Seminar, wenn...
Dies wird ein mieses Seminar, wenn...
Leute, die auf diese Bögen schreiben, sind...
Meine größte Stärke ist...
Ich habe gehört, dass solche Gruppen...

Spielanleitung: Jetzt ist Graffiti-Zeit. Schaut euch die Bögen mit den unvollständigen Sätzen an. Wenn ihr Lust habt, schreibt etwas mit dem Filzschreiber dazu oder malt etwas. Vertreibt euch damit die Zeit, bis wir mit der Arbeit anfangen...

Wenn es technisch möglich ist, sollten Sie Musik dazu spielen, das lockert zusätzlich auf. Das Spiel ist beendet, wenn alle Teilnehmer angekommen sind.

Auswertung: Gehen Sie umher und lesen Sie die komplettierten Sätze. Sie können natürlich auch selbst Ihre Einfälle zu Papier bringen. Auf diese Weise können Sie die aktuellen Erwartungen der Teilnehmer mit Ihren Plänen und Vorbereitungen vergleichen, und Sie können sich realistisch auf die Bedürfnisse der Gruppe einstellen.

Sie sehen auch, in welcher Stimmung die Gruppenmitglieder sind und wie motiviert sie sind. Dementsprechend können Sie die Arbeit in der Gruppe beginnen.

Besprechen Sie zu Beginn der ersten Sitzung das Graffiti-Spiel mit der Gruppe. Klären Sie falsche Vorstellungen und Erwartungen ab und einigen Sie sich mit der Gruppe auf realistische Ziele, denen die Teilnehmer und Sie selbst zustimmen können.

Es ist nützlich, die Blätter während des Seminars an der Wand hängen zu lassen, um immer wieder zu prüfen: Erfolgt die Arbeit noch im Kontakt mit den Bedürfnissen der Gruppenmitglieder? Haben sich die Ziele geändert?

Erfahrungen: Das Graffiti-Spiel bringt in den meisten Gruppen viel Spaß. Wenn Leute allerdings sehr viel Angst haben, kann es vorkommen, dass sie wenig schreiben. In einem solchen Fall können Sie Folgendes tun:

Teilen Sie die Gruppe in Quartette auf. Lassen Sie die Teilnehmer für zehn Minuten darüber phantasieren, was das Schlimmste und Verrückteste ist, was in der Gruppe passieren kann. Dann lassen Sie die Teilnehmer für zehn Minuten darüber phantasieren, was das Beste ist, was die Gruppe erreichen kann. Anschließend sollen beide Phantasien im Plenum der Gruppe mitgeteilt werden. So kommen Ängste und Hoffnungen doch noch heraus.

Übrigens: Sehr empfehlenswert ist es, ein **leeres** Blatt dabei zu haben. Was schreiben **Sie** jetzt in Gedanken darauf?... ❑

Familienbilder

(nach einer Idee von Dan Malamud)

Ziele: Mitglieder von Gruppen, die langfristig und/oder besonders intensiv zusammenarbeiten möchten, werden gut miteinander vertraut, wenn sie wichtige Daten aus der Lebensgeschichte der anderen kennenlernen.

„Familienbilder" macht Persönlichkeit und Verhalten des einzelnen Gruppenmitgliedes verständlicher auf dem Hintergrund der Konstellation in der Kindheitsfamilie.

Der Einzelne kann auf diese Weise auch mit seinen Schwächen leichter akzeptiert werden, da auch die traumatischen Entstehungsbedingungen von unreifem Verhalten zum Teil zu erkennen sind. Ein hohes Maß sozialer Akzeptierung und schnelle Entwicklung von Gruppenkohäsion können mit diesem Spiel erreicht werden.

Teilnehmer: Alle ab 12 Jahren. Voraussetzung für natürliche Gruppen ist die Bereitschaft, einander auf einer relativ persönlichen Ebene zu begegnen. Besonders zu empfehlen ist diese Übung für das Klassenzimmer und für Ausbildungsgruppen von Lehrern, Sozialarbeitern, Psychologen etc. Die Gruppengröße sollte 20 Teilnehmer nicht überschreiten.

Material: Für jeden Teilnehmer brauchen Sie Zeichenpapier und für je sechs Teilnehmer eine Schachtel mit Ölkreiden.

Zeit: Bei 20 Teilnehmern müssen Sie mit 90 bis 120 Minuten rechnen.

Spielanleitung: Ich möchte euch Gelegenheit geben, euch besser kennenzulernen. Sucht euch zunächst einen Platz aus, wo ihr euch hinsetzen könnt, um in aller Ruhe für euch zu sein. Seid sicher, dass ihr genügend Platz habt und nicht von anderen in eurer Nähe gestört werdet...

Jetzt schließt die Augen und konzentriert euch auf euren Körper und auf eure gegenwärtigen Empfindungen... (15 Sek.)

Achtet auf euren Atem... Wie atmet ihr?...

Was habt ihr gerade im Kopf?... Nehmt alle Gedanken, Befürchtungen, Bilder, Ideen, die zur Zeit noch in eurem Kopf sind, und packt sie behutsam in eine leere Schachtel... (30 Sek.)

Stellt diese Schachtel jetzt zur Seite... Euer Kopf ist nun ganz leer und bereit für eine Reise in die Vergangenheit...

Denkt bitte zurück an eure Kindheit und lasst Bilder vor euer Auge ziehen, die euch an eure Kindheitsfamilie erinnern... Ihr habt genug Zeit, dass sich alle Bilder in Ruhe entwickeln können... Was seht ihr?.. Welche Personen erscheinen?... (2 Min.)

Ich werde euch gleich bitten, die Augen wieder zu öffnen, damit ihr dann ein Bild malen könnt, das eure Kindheitsfamilie darstellt, das heißt, alle wichtigen Personen, die dazugehören, und euch selbst natürlich. Verzichtet dabei auf spezifische „künstlerische" Ziele – euer Bild kann ganz einfach werden. Überlasst euch dem Malprozess, sodass der Stift und eure Hände entscheiden, was und wie ihr zeichnet. Werdet euch eurer Gefühle beim Prozess des Malens bewusst.

Ihr habt nun zehn Minuten Zeit, um das Bild zu malen, das eure Kindheitsfamilie zeigt...

Jetzt bitte ich euch, wieder in den Kreis zurückzukehren...

Ich werde euch gleich auffordern, euer Bild hochzuhalten, sodass die anderen es sehen können. Ich möchte, dass jeder von euch zwei bis drei Minuten über sein Familienbild spricht. Für die Beschreibung ist es wichtig, dass jeder in der ersten Person in der Gegenwart spricht, als ob er gegenwärtig sich und seine Kindheitsfamilie beschreibt, etwa so: „Ich sitze mit meinen Eltern bei einem Picknick, und ich bin ziemlich ordentlich angezogen. Zu meiner rechten Seite sitzt mein Vater. Er macht ein finsteres Gesicht..."

Ihr könnt auch von eurem Bewusstsein während des Malprozesses sprechen. Sprecht dann über eure Gefühle, die ihr beim Zeichnen hattet, etwa so: „Zunächst kann ich nur diese paar Linien machen, und ich habe eine Menge freien Platz, den ich nicht mag. Jetzt versuche ich, diesen Platz auszufüllen..."

Habt ihr verstanden, was ich meine?... Wer möchte anfangen?...

Nachdem jeder Teilnehmer sein Bild beschrieben hat, fordern Sie die Gruppe auf, dass jeder für sich das Erlebnis und die gemachten Erfahrungen schweigend bedenkt:

Was habt ihr über euch selbst und die anderen entdeckt? – Welche Ähnlichkeiten und Unterschiede gibt es in den verschiedenen Bildern? – Wie gefallen euch die Bilder, und welche gefühlsmäßigen Reaktionen rufen sie bei euch hervor? – Lasst euch einen Augenblick Zeit, das zu bedenken... (3 Min.)

Ich werde euch gleich bitten, die Bilder im Kreis herumzugeben, und zwar gegen den Uhrzeigersinn. Wer eine fremde Zeichnung erhält, schaut sie sich kurz an und schreibt dann auf die Rückseite des Blattes einen Satz, der nicht mehr als zehn Wörter haben soll. Dieser Satz soll eure persönliche Reaktion auf das ausdrücken, was euch an diesem Bild besonders beeindruckt. Schreibt euren Namen unter den Satz und gebt dann dieses Bild weiter an euren rechten Nachbarn, damit auch er einen Satz darunterschreiben kann. Auf diese Weise werden nachher auf der Rückseite der Zeichnung Kommentare aller Gruppenmitglieder stehen.

Bitte beginnt jetzt mit dem Herumreichen der Blätter. Lasst euch nicht allzu viel Zeit (nicht mehr als etwa eine Minute), sondern schreibt das, was euch gerade in den Sinn kommt, wenn ihr das Bild kurz betrachtet. Beginnt jetzt...

Jetzt hat jeder sein eigenes Bild zurückbekommen. Lest schweigend das durch, was euch die anderen zu dem Bild geschrieben haben...

Ich möchte, dass wir jetzt eine Diskussion führen, in der sich jeder mit den Äußerungen der anderen auseinandersetzen kann. Wie ihr das macht, ist eure Sache. Einige möchten vielleicht alles vorlesen und kommentieren; andere möchten vielleicht nur einige wenige Sätze vorlesen, die sie besonders beeindruckten. Manche haben vielleicht noch Fragen an die Verfasser einzelner Sätze...

Auswertung:

❍ Wie fühle ich mich jetzt?
❍ Welche Familienbeziehungen drücken sich in meinem Bild aus?
❍ Welche Position habe ich in Bezug auf die übrigen wichtigen Familienmitglieder?
❍ Wieweit spiegelt mein Bild Konflikte bzw. eine „wachstumsfördernde" Konstellation meiner Kindheitsfamilie?
❍ Sehe ich einen Zusammenhang zwischen meiner Position in der Kindheitsfamilie und meinem aktuellen Verhalten in dieser Gruppe?
❍ Was haben die anderen zu meinem Bild angemerkt?
❍ Hat mich ein Kommentar verletzt?
❍ Wessen Kommentar bedeutet mir etwas?
❍ Welches Gruppenmitglied hatte offenbar eine ähnliche Kindheitsfamilie wie ich?
❍ Wem fühle ich mich jetzt besonders nah?
❍ Zu wem empfinde ich jetzt eine besonders große Distanz?

Erfahrungen: Dieses Spiel braucht Zeit und Ruhe, um zu einer lebendigen Erfahrung für die Teilnehmer zu werden.

Zum Teil können Sie damit rechnen, dass auch schmerzliche Erinnerungen wieder lebendig werden. Die beste Vorbereitung für Sie als Gruppenleiter: Malen Sie selbst einmal das Bild Ihrer Kindheitsfamilie (z. B. gemeinsam mit einem Freund oder Ihrem Ehepartner) und tauschen Sie anschließend Ihre Reaktionen aus.

Wenn Sie sich in dem hier angesprochenen Problembereich unsicher fühlen, dann lassen Sie besser die Hände von diesem Experiment.   ❏

Wichtige Information

(nach Z. Moreno)

Ziele: Die Gruppenmitglieder können hier auf eine wenig bedrohliche Weise miteinander bekannt werden, da der Einzelne selbst bestimmt, wie offen er sich äußern möchte. Zusätzliche Sicherheit wird durch einen Partnerkontakt erzielt, der während des ganzen Spiels bestehen bleibt.

Durch die Identifikation mit dem Partner haben die Teilnehmer Gelegenheit, ihr Einfühlungsvermögen zu testen und zu verbessern.

Teilnehmer: Ab 14 Jahren. Dies Spiel ist für Gruppen aller Art geeignet.

Zeit: Für eine Gruppe mit 20 Teilnehmern werden Sie ca. eine Stunde benötigen.

Spielanleitung: Durch das folgende Interaktionsspiel könnt ihr zunächst ein anderes Gruppenmitglied besser kennenlernen. Der Kontakt mit dem Übungspartner wird euch vielleicht helfen, dass ihr euch hier etwas wohler fühlen könnt.

Bitte steht auf und geht ein wenig umher... Schaut euch dabei um und geht langsam schweigend weiter... (1 Min.)

Sucht euch nun einen Partner aus, auf den ihr neugierig seid... Setzt euch mit diesem Partner auf den Boden und schaut euch schweigend an...

Ich möchte, dass der Kleinere von euch beginnt, dem Partner ein paar wichtige Informationen über sich zu geben. Du hast dafür drei Minuten Zeit, nicht mehr und nicht weniger. Danach ist dann dein Partner an der Reihe, etwas über sich zu erzählen. Beginnt jetzt...

Bitte wechselt nun die Rollen, sodass der Größere von euch jetzt drei Minuten Zeit hat, etwas über sich zu erzählen... (3 Min.)

Bitte kommt nun wieder zurück und setzt euch neben euren Partner in den großen Kreis...

Versucht nun einmal, euch mit eurem Partner zu identifizieren. Wer ist er? – Welche Besonderheiten hat seine Persönlichkeit? – Wie geht es ihm im Augenblick? – Bedenkt das bitte schweigend...

Wenn jemand von euch glaubt, eine gewisse Vorstellung von der Persönlichkeit seines Partners zu haben, kann er Folgendes tun: Er stellt sich hinter ihn, legt ihm die Hände auf die Schultern und stellt sich uns anderen dann so vor, als sei er selbst der sitzende Partner, indem er möglichst wesentliche Dinge der Gruppe mitteilt. Sobald er fertig ist, bittet er seinen Partner um eine kurze Reaktion. Dann tauschen beide ihre Rollen, sodass der eben Vorgestellte nun seinerseits aktiv wird. Habt ihr verstanden, wie das geht?...

Auf diese Weise stellen nach und nach alle Teilnehmer ihren Partner der Gruppe vor. Dabei sollten die anderen Gruppenmitglieder noch keine Reaktionen äußern, sondern damit bis zur Auswertung warten.

Auswertung:

❍ Wie habe ich mich bei diesem Experiment gefühlt?
❍ Wie offen habe ich mit meinem Partner über mich gesprochen?
❍ Wie offen finde ich die anderen?
❍ Welche anderen Teilnehmer fand ich besonders offen?
❍ Wen fand ich besonders verschlossen?
❍ Wie gut habe ich meinem Partner zugehört?
❍ Wie gut hat mein Partner mich verstanden?
❍ Wie gut gelang mir die Identifikation mit dem Partner?
❍ Auf welche anderen Teilnehmer bin ich neugierig geworden?
❍ Wem gegenüber bin ich zur Zeit eher kritisch?
❍ Wie fühle ich mich jetzt?

Erfahrungen: Das Spiel ist risikolos. Je aufgeschlossener die Gruppenmitglieder sind, desto reizvoller wird natürlich die Vorstellung.

Bei ängstlichen Gruppen ist der Vorteil darin zu sehen, dass niemand erschreckt wird. Das Spiel gibt Ihnen dabei als Gruppenleiter eine ausgezeichnete Chance, die einzelnen Teilnehmer in Ruhe kennenzulernen und sich auf sie einzustellen. ❏

Namen, Namen
(Encountertradition)

Ziele: Hier können die Teilnehmer ihr Bewusstsein von der Tatsache vertiefen, dass sie durch ihre Art zu sprechen (Tonbildung, Lautstärke, Gesichtsausdruck, Augenkontakt etc.) wichtige Informationen darüber geben, welche Empfindungen sie einem Partner gegenüber haben. Außerdem gibt das Spiel die Möglichkeit, die anderen Teilnehmer auf eine ungewöhnliche und sehr persönliche Weise kennenzulernen.

Teilnehmer: Ab 16 Jahren. Voraussetzung ist ein gewisses Maß an Sicherheit und sozialer Kompetenz. Eine Gruppengröße von 12 bis 15 Teilnehmern ist gut.

Zeit: Sie brauchen 30 bis 60 Minuten.

Spielanleitung: Ich möchte, dass ihr euch den anderen vorstellt, indem ihr euch vor jeden hinstellt und mit diesem Teilnehmer jeweils nur durch das Aussprechen eures Namens kommuniziert.

Ihr dürft also keine anderen Worte benutzen, nur euren Namen. Ihr könnt verschiedene Botschaften übermitteln, zum Beispiel durch die Variation der Lautstärke, durch mehrfache Wiederholung, durch Modulation der Tonhöhe etc. Schaut eurem Partner in die Augen und seid euch bewusst, wie ihr euch dabei fühlt, während ihr euch so vorstellt. Während ihr sprecht, seid euch bewusst, was eure Stimme ausdrückt, und versucht, möglichst viel über euch durch eure Stimme zu sagen. Bemerkt auch, wie die anderen sich ausdrücken, wenn sie ihre Namen sagen...

Wer möchte beginnen?...

Auswertung:
❍ Wie habe ich mich bei diesem Experiment gefühlt?
❍ Wie breit war meine Skala von Ausdrucksmöglichkeiten?
❍ Wem gegenüber konnte ich mich auf diese Weise ohne Schwierigkeiten ausdrücken?
❍ Bei wem fiel es mir eher schwer?
❍ Haben die anderen meine Botschaften verstanden?
❍ Welche Botschaften habe ich erhalten?
❍ Auf welche Botschaft möchte ich reagieren?

Erfahrungen: Ich denke, dass Sie von diesem Experiment in der Anfangsphase Ihrer Gruppe besonders dann Gebrauch machen sollten, wenn Sie eine Gruppe leiten, deren Ziel die Persönlichkeitsentwicklung des Einzelnen ist. Hervorragend geeignet ist dieses Experiment auch, wenn das Thema der Arbeit die nonverbale Kommunikation ist. ❑

Kapitel 2
Wahrnehmen
und
Kommunizieren

6

Wer spricht zu wem?

(Praxis gruppendynamischer Laboratorien)

Ziele: Das Experiment soll den Teilnehmern helfen, ihre Beobachtungsfertigkeiten für Kommunikationsprozesse zu verbessern, indem sie sich auf eine entscheidende Dimension konzentrieren, nämlich auf das Muster verbaler Interaktionen in der Gruppe.

Teilnehmer: Ab 14 Jahren. Gruppengröße: bis zu 20 Teilnehmern.

Zeit: Sie müssen mit ca. einer Stunde rechnen.

Spielanleitung: Informieren Sie die Gruppe, dass zwei Teilnehmer für eine kurze Zeit die Unterhaltung der Übrigen beobachten sollen. Fragen Sie dann nach zwei Freiwilligen, die diese Aufgabe übernehmen, und geben Sie ihnen einen großen Bogen Papier und zwei Filzschreiber. Die Beobachter malen einen großen Kreis auf das Papier und schreiben an seinen Rand die Namen der Teilnehmer in der entsprechenden Sitzordnung. Die Beobachter sollen sich dann außerhalb des Kreises setzen und die Interaktionen zwischen den anderen festhalten, indem sie jeweils einen Pfeil vom Namen des Sprechenden zum Angesprochenen malen. Gesprächsbeiträge, die an die ganze Gruppe gerichtet sind, enden als Pfeil in der Mitte.

Je mehr Pfeile im Verlauf der Diskussion gemalt werden, desto klarer wird ersichtlich, wer am meisten spricht, wer am häufigsten angeredet wird etc. Schweigende Teilnehmer werden ebenso deutlich sichtbar.

Während die Gruppe ca. 20 Minuten lang diskutiert, werden so alle Kommunikationsvorgänge durch Pfeile festgehalten (s. Abb.).

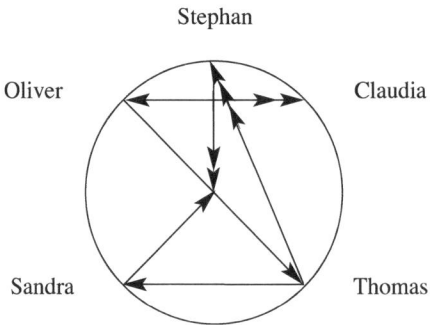

26

Anschließend fordern Sie die beiden Beobachter auf, ihre Skizze auf den Fußboden in das Zentrum der Gruppe zu legen, damit die Auswertungsdiskussion beginnen kann.

Auswertung:
❍ Wie habe ich mich bei dem Experiment gefühlt?
❍ Bin ich so häufig zu Wort gekommen, wie ich wollte?
❍ Wer wurde am häufigsten angesprochen?
❍ Wie kommt das?
❍ Was können wir tun, um eine breitere Beteiligung am Gruppengespräch zu erreichen? ❏

7

Mitteilung von Störungen
(nach einer Idee von Dan Malamud)

Ziele: Bei diesem Experiment geht es um die Einführung einer wichtigen Kommunikationsregel für Lern- und Arbeitsgruppen, nämlich des „Störungs-Postulats" aus der Themenzentrierten Interaktion (TZI) nach Ruth Cohn. Es bedeutet die methodische Anerkennung der Realität: Störungen haben immer und de facto Vorrang – sie stellen sich bei lebendigen Menschen eben von Zeit zu Zeit ein als Angst, Ärger, Abgelenktsein, Trauer, Verliebtheit etc. Wenn sehr starke Gefühle nicht ausgedrückt werden können, besteht immer die Gefahr, dass der bzw. die Betreffende „gestört" sind; die Folgen sind innere Abwesenheit, Apathie, latente Aggression, Destruktion etc. Wenn die Störungen einzelner Gruppenmitglieder dagegen ausgedrückt werden konnen, ist die Gruppeninteraktion lebendig, arbeitet die Gruppe kooperativ und schöpferisch.

Teilnehmer: Alle ab 12 Jahren. Gruppengröße bis ca. 30 Teilnehmer.

Zeit: Bei 20 Teilnehmern ca. eine Stunde.

Spielanleitung: Ich möchte euch jetzt mit einer wichtigen Kommunikationsregel bekannt machen:
STÖRUNGEN HABEN VORRANG.
Wenn du nicht wirklich dabeisein kannst, d.h. wenn du bei unseren Gruppenaktivitäten abgelenkt, gelangweilt oder ärgerlich bist, oder wenn du dich aus irgendeinem anderen Grund nicht konzentrieren kannst, dann unterbrich bitte das Gespräch und teile deine Störung der Gruppe mit.
Was auch immer der Grund für eine Ablenkung von der Gruppenaktivität ist, versuche zunächst, Klarheit über die Art der Störung zu gewinnen und selbst den Anschluss wieder herzustellen. Wenn du jedoch dazu nicht in der Lage bist, dann sei so mutig, der Gruppe offen mitzuteilen, was in dir vorgeht, was dich stört. Es ist möglich, dass du nicht einmal der Einzige bist, der in diesem Augenblick Schwierigkeiten hat, aber selbst wenn das doch so wäre, ist die Mitteilung der Störung für dich selbst und für die Gruppe sehr wichtig. Denn nur auf diese Weise kann die Gruppe kommunikationsfähig und arbeitsfähig bleiben. Alle Teilnehmer stehen in Wechselwirkung zueinander, und wenn ein Mitglied für längere Zeit nicht teilnehmen kann, ist das ein Verlust für die ganze Grup-

pe. Nichts wirkt auf die Dauer unangenehmer und bedrohlicher als ein trügerischer Konsensus, in dem die Einzelnen sich verpflichten, höflich zu bleiben und nie zu unterbrechen. Sag also klipp und klar, wenn du nicht kommunikationsfähig bist, und bitte um Hilfe.

Die Störungsbearbeitung soll nur so lange dauern, bis der Einzelne wieder zur Gruppe und zur jeweiligen Aufgabe zurückkehren kann. Nicht jede Störung kann oder muss bis ins Letzte bearbeitet werden. Manchmal genügt es, dass die Tatsache einer Störung mitgeteilt wird, dass sie von den anderen erkannt wird. Das kann dem Betreffenden schon ein starkes Gefühl der Erleichterung geben.

Die Zeitverluste, die durch die Bearbeitung von Störungen entstehen, werden in der Regel aufgewogen durch den Gewinn für das gestörte Gruppenmitglied, für den Zusammenhalt der Gesamtgruppe und für ihre Arbeitsfähigkeit.

Ich möchte euch daher auffordern, solche Störungen, wenn sie bei euch auftreten, möglichst umgehend den anderen mitzuteilen.

Um dafür Vorbereitungen zu treffen, schlage ich euch ein kleines Phantasieexperiment vor. Bitte setzt oder legt euch entspannt hin und schließt die Augen...

Stellt euch vor, ihr seid auf einem Treffen unserer Gruppe... Beobachtet die Arbeit der Gruppe, die Diskussion und verfolgt genau, was passiert... Hört gut zu, worüber die einzelnen Leute sprechen und wer gerade das Wort hat... (15 Sek.)

In einigen Augenblicken wird etwas eintreten, das euch sehr stört... Wartet ab, was das sein kann... (30 Sek.)

Versucht nun, eure Gefühle genau wahrzunehmen, die die Störung in euch auslöst...

Entschließt euch, die Störung der Gruppe mitzuteilen. Hört euch selbst zu, wenn ihr diese Störung den anderen bekanntgebt, und achtet auf die Reaktion der anderen, was sie sagen, was sie unternehmen etc... (30 Sek.)

Jetzt kommt allmählich in die Wirklichkeit zurück und öffnet eure Augen...

Warten Sie ruhig ab, bis alle Teilnehmer ihre Augen wieder geöffnet haben.

Wenn ihr wollt, berichtet jetzt von eurem Phantasieerlebnis. Wenn ihr das tut, berichtet bitte in der ersten Person Präsens, d.h. teilt die Phantasie direkt mit, etwa so: „Ich habe plötzlich schreckliche Kopfschmerzen. Ich kann mich nicht konzentrieren. Ich sage zu..."

Auswertung:

❍ Wie habe ich mich bei dem Experiment gefühlt?

❍ Wie gehe ich normalerweise mit eigenen Störungen um?

❍ Wieweit werden in unserer Gruppe bereits Störungen ausgesprochen?

❍ Wer/was stört mich in dieser Gruppe am häufigsten?

Erfahrungen: Dieses Experiment ist außerordentlich nützlich vor allem für natürliche Gruppen.

Bei Störungen, die durch aktuelles Verhalten ausgelöst werden, ist es wichtig, dass der „Gestörte" mit dem „Störer" einen modus vivendi aushandelt (z. B.: „Ich möchte, dass du mich nicht unterbrichst, solange ich rede. Kannst du das akzeptieren?")   ❏

8

Nicht um die Ecke sprechen

(K.W.Vopel)

Ziele: In vielen Gruppen wird immer wieder ü b e r einzelne Gruppenmitglieder gesprochen, obgleich diese derart Übergangenen leibhaftig anwesend und in der Regel auch durchaus ansprechbar sind. Die so „um die Ecke herum" angesprochenen Teilnehmer werden häufig angeklagt, als Belastungszeugen, Vorbilder oder abschreckende Beispiele zitiert etc., nie aber als Partner für eine direkte Kommunikation gewürdigt.

In diesem Interaktionsspiel können die Teilnehmer Ihrer Gruppe lernen, direkt miteinander zu kommunizieren und persönliche Verantwortung für ihre Botschaften zu übernehmen.

Teilnehmer: Ab 12 Jahren. Die Gruppe sollte maximal 20 Teilnehmer haben.

Zeit: Bei 20 Teilnehmern müssen Sie mit 30 bis 45 Minuten rechnen.

Spielanleitung: Lasst eure Augen zunächst im Kreis umherwandern und betrachtet die anderen Gruppenmitglieder. Werdet euch dabei bewusst, welche Gefühle und Gedanken ihr im Blick auf die anderen habt... (1 Min.)

Jetzt möchte ich euch eine Kommunikationsregel vorschlagen, die die Kommunikation in unserer Gruppe lebendiger und offener machen kann:
NICHT UM DIE ECKE SPRECHEN.
SPRICH NICHT ÜBER ANDERE, SONDERN SAGE DAS, WAS DU ÜBER JEMANDEN SAGEN MÖCHTEST, DIESEM DIREKT.

Der Hintergrund für diese Regel ist folgender: Wann immer ich über ein anwesendes Gruppenmitglied spreche, vermeide ich es, in eine direkte Beziehung zu diesem zu treten. Ich umgehe damit auch das Risiko, Verantwortung für das, was ich sagen möchte, zu übernehmen. Der nur indirekt Angesprochene wird unter Umständen dadurch verärgert, enttäuscht, denn ich bringe ihn um die Gelegenheit, seinerseits in direkten Kontakt mit mir zu treten.

Um mit dieser Kommunikationsregel zu experimentieren, schlage ich euch folgendes Spiel vor:

Jeder von euch konzentriert sich darauf, was er im Augenblick denkt oder fühlt in Bezug auf ein anderes Gruppenmitglied. Dann teilt er diese

Gedanken bzw. Gefühle jedoch n i c h t dem betreffenden Gruppenmitglied selbst mit, sondern erzählt es einem anderen. Dieser protestiert jedoch dagegen.

Also: Oliver sagt einen Satz zu Volker über Jörg. Darauf sagt Volker:
SPRICH NICHT UM DIE ECKE.

Oliver wiederholt seine Aussage und wendet sich diesmal direkt an Jörg. Jörg sagt nun:
DANKE, DASS DU MIR DAS SAGST.

Dann fährt Jörg fort und wiederholt diesen Vorgang mit einem anderen Teilnehmer.

Ehe wir nun beginnen, will ich euch noch ein konkretes Beispiel geben:

Sandra sagt zu Stephan: „Ich habe mich über Thomas gewaltig geärgert. Er hat mich bei unserer Diskussion vorhin sechsmal unterbrochen."

Stephan sagt: „Sprich nicht um die Ecke, Sandra."

Darauf Sandra, indem sie sich an Thomas wendet: „Thomas, ich habe mich vorhin gewaltig über dich geärgert. Du hast mich sechsmal unterbrochen."

Und Thomas antwortet: „Danke, Sandra, dass du mir das sagst."

Bitte beginnen Sie selbst mit dem Spiel. Ihr Partner setzt es dann fort etc. Lassen Sie das Spiel so lange dauern, wie die Teilnehmer lebhaft mitmachen. Ändern Sie dann die Struktur und geben Sie jedem, der will, Gelegenheit, sich zu äußern. Dieser Strukturwechsel ist sehr wichtig, er gibt einen neuen Impuls und den Teilnehmern das Wort, die evtl. vorher nicht an die Reihe gekommen sind.

Auswertung:
○ Welche Reaktionen hatte ich, wenn ich indirekt angeredet wurde?
○ Welche Reaktionen hatte ich bei der direkten Anrede?
○ Welche Gedanken und Gefühle wurden geäußert?
○ Wie offen waren sie?
○ Fühlte sich jemand übergangen?
○ Wie offen und unmittelbar ist die Kommunikation in unserer Gruppe?
○ Wie fühle ich mich jetzt?

Erfahrungen: Dieses Interaktionsspiel eignet sich für alle möglichen Gruppen, um die Kommunikation menschlicher und lebendiger zu machen. ❑

9

Aussagen statt Fragen

(nach Prinzipien aus der Gestalt-Therapie)

Ziele: Dieses Interaktionsspiel soll eine weitere Kommunikationsregel der Themenzentrierten Interaktion nach Ruth Cohn erfahrbar machen, nämlich die Frage-Regel.

Der Frager („Warum hast du mich nicht eingeladen?") fordert eine Information, ohne jedoch zugleich seinerseits eine Information zu geben („Ich bin verletzt, dass du mich nicht eingeladen hast."). Dadurch gerät die Kommunikation aus der Balance, wobei der Frager in der Regel die stärkere Position innehat, während der Befragte sich nach Verteidigungsmöglichkeiten umsieht. Wir haben ja alle einschlägige Erfahrungen mit Fragespezialisten (Eltern, Lehrer, Ehepartner etc.).

Das Spiel soll gerade in natürlichen Gruppen eine offenere Kommunikation ermöglichen, damit ihre Mitglieder häufiger Informationen, Gefühle, Gedanken, Ideen, Hoffnungen usw. freizügig austauschen können.

Teilnehmer: Ab 14 Jahren. Die Gruppe sollte ca. 20 Teilnehmer nicht überschreiten.

Zeit: Bei 20 Teilnehmern brauchen Sie ca. 45 Minuten.

Spielanleitung: Wir sollten in unseren Diskussionen eine weitere Kommunikationsregel beachten:

VERSUCHE, SO WEIT ES GEHT, FRAGEN DURCH AUSSAGEN ZU ERSETZEN.

Wenn du Fragen für notwendig hältst, dann versuche, Fragen dadurch einzuleiten, dass du kurz erklärst, was die Frage für dich bedeutet, was dein Interesse an der Frage ist.

Diese Regel berücksichtigt die Erfahrung, dass in Gruppen oft Fragen gestellt werden, die keine Bereitschaft erkennen lassen, dass der Fragende seinerseits eigene Erfahrungen und Gedanken zum jeweiligen Gesprächspunkt beisteuern will. Solche Fragen hemmen eine bedeutungsvolle Diskussion. Sie arten manchmal zu einer Art Inquisitionsspiel aus, in dessen Verlauf der Befragte sich in die Enge getrieben fühlt und sich zu verteidigen beginnt.

Andererseits enthalten viele Fragen verhüllte Aussagen, deren Informationsgehalt von dem Befragten oft nicht klar erfasst wird, ihn aber gleichwohl verunsichert.

Zum Beispiel: „Bist du ein Demokrat?" kann vielleicht heißen: „Du bist in meinen Augen ein Tyrann. Du wirkst auf mich konservativ. Du lässt mich neben dir nicht hochkommen."

Wenn dagegen jeder Fragende eigene Gedanken und Erfahrungen beisteuert, erleichtert er dem Gefragten die Antwort und die Herstellung persönlichen Kontaktes. Außerdem werden dann andere Gruppenmitglieder dazu ermuntert, ihrerseits eigene Erfahrungen und Ideen mitzuteilen.

Wenn ich also alle meine Fragen mit Ich-Aussagen verbinde, übernehme ich Verantwortung für meine Position, meine Meinung und meine Forderung. Dann drücke ich mich selbst aus, anstatt mich hinter meiner Frage zu verstecken, die lediglich den anderen auffordert, sich auszudrücken.

Auf diesem Hintergrund möchte ich gern die Instruktionen zu einem kleinen Spiel geben.

Bitte bildet Paare mit jemandem, den ihr gern besser kennenlernen wollt... Verteilt euch im Raum und setzt euch einander gegenüber... Betrachtet euren Partner schweigend...

Ich werde euch gleich bitten, miteinander zu sprechen und dabei bestimmte Gesprächsregeln zu beachten. Beachtet, wie ihr euch hierbei fühlt, wenn ihr ganz bestimmte Arten von Sätzen sprecht, und was ihr dabei erfahrt, wenn ihr selbst solche Sätze hört. Bemerkt, wie euer Partner die verschiedenen Kommunikationsarten verwendet.

Ich möchte, dass ihr entdeckt, wie sich die Beziehung zu eurem Partner verändert, wenn ihr eure Informationen unterschiedlich „verpackt". Bitte sprecht jetzt miteinander für drei Minuten zunächst ohne Einschränkungen. Sprecht über irgendetwas...

Jetzt geht diese Diskussion noch einmal schweigend durch. Wessen wart ihr euch in dieser Zeit bewusst?... Was bemerktet ihr über eure Kommunikation?... Worüber spracht ihr?... Wie spracht ihr?... Habt ihr wirklich zusammen gesprochen oder habt ihr nur „bla-bla" geredet?... Hattet ihr häufig Augenkontakt, oder habt ihr es vermieden, den Partner anzusehen?...

Redet nun über eure Erfahrungen... (3 Min.)

Jetzt möchte ich, dass ihr wieder miteinander sprecht; diesmal aber unter künstlichen Bedingungen: Ihr stellt beide lediglich Fragen. Stellt euch abwechselnd irgendwelche Fragen – aber bitte: Beantwortet diese

Fragen auf keinen Fall. Jeder Satz muss eine neue Frage sein. Bitte fangt jetzt an... (3 Min.)

Jetzt diskutiert wieder eure Erfahrungen, die ihr gerade gemacht habt. Stört euch nicht an der Tatsache, dass ihr vielleicht die Fragen gern beantwortet hättet. Diskutiert andere Aspekte, z.B. eure Gefühle im Zusammenhang mit dem Fragenstellen und dem Gefragtwerden. Auch jetzt im nachhinein beantwortet bitte auf keinen Fall die zuvor gestellten Fragen... (2 Min.)

Jetzt erinnert euch noch einmal an eure Fragen. Wandelt nun jede Frage um in eine Ich-Aussage. Wenn eure Frage zum Beispiel hieß: „Warum trägst du Stiefel?“, dann könnte die entsprechende Ich-Aussage lauten: „Ich sehe, dass du Stiefel trägst; und ich mag Stiefel.“ Oder: „Wann bist du geboren?“ – kann heißen: „Ich vergleiche mich oft mit dir. Ich glaube, du bist intelligenter als ich, und ich möchte wissen, ob du älter bist als ich. Das würde mich trösten.“ Es ist möglich, jede Frage in eine Ich-Aussage zu verwandeln. Wenn ihr Schwierigkeiten habt, eine Frage zu erinnern, kann euch vielleicht der Partner helfen. Ihr habt wieder drei Minuten Zeit...

Jetzt diskutiert bitte eure Erfahrungen mit der Umwandlung der Fragen in Ich-Aussagen und vergleicht diese Erfahrungen des Fragenstellens und der Ich-Aussagen miteinander. Wie fühlt ihr euch als Gefragter im Gegensatz zum Empfänger von Ich-Aussagen? Ihr habt fünf Minuten Zeit für euer Gespräch...

Auswertung:
- Erkenne ich, dass jede Frage ein persönliches Motiv hat?
- Was sind meine Lieblingsfragen, d.h. bei welchen Themen scheue ich mich besonders vor Ich-Aussagen?
- Wird in dieser Gruppe viel gefragt?
- Wenn ja, von wem?
- Was ist der Unterschied zwischen Warum-Fragen und Wer-, Wie- und Was-Fragen?

Erfahrungen: Bei diesem Spiel ist eine gründliche Auswertung im Plenum – möglichst unter Einbeziehung von Demonstrationen – außerordentlich wichtig, damit alle Teilnehmer den Sinn dieser Kommunikations-Regel verstehen. ❑

Telegramme

(nach J. O. Stevens)

Ziele: Dieses Kommunikationsspiel gibt dem Einzelnen Gelegenheit, sein Bewusstsein für die nonverbalen Anteile seiner Kommunikation zu vertiefen und zugleich zu üben, sich mit dem ganzen Körper auszudrücken, nicht nur mit Hilfe der Umgangssprache.

Dabei kann das Bedürfnis, auf keinen Fall lächerlich zu wirken, deutlich werden. Je mehr ich meinen Partner in einer bestimmten Weise beeindrucken möchte, desto mehr Schwierigkeiten werde ich bei ungewohnten Kommunikationsformen haben.

Schließlich „testet" das Spiel die Vertrautheit mit dem Partner: Je mehr Vertrauen, desto leichter die Kommunikation in allen Situationen.

Teilnehmer: Ab 12 Jahren. Die Gruppe sollte nicht mehr als 20 Teilnehmer haben.

Zeit: Bei 20 Teilnehmern müssen Sie mit ca. 45 Minuten rechnen.

Spielanleitung: Ihr habt in dem folgenden Kommunikationsexperiment Gelegenheit, verschiedene Kommunikationsformen mit einem Partner zu erproben. Wählt euch zunächst einen Partner, den ihr gern besser kennenlernen wollt...

Verteilt euch im Raum und setzt euch einander gegenüber...

Ich werde euch zu einer Reihe von verschiedenen Kommunikationsformen auffordern. Jede Kommunikationsform ist begrenzt auf eine bestimmte Zeit. Achtet bitte einmal darauf, was ihr bei den verschiedenen Arten der Kommunikation über euch und euren Partner erfahrt. Beginnt zunächst mit einer ganz normalen Unterhaltung über ein Thema, das euch im Augenblick interessiert. Ihr habt dafür zwei Minuten Zeit...

Jetzt stoppt und ändert eure Kommunikation so, dass ihr euch sehr kurze Sätze sagt, jeweils nur vier Wörter. Ihr habt dafür wieder zwei Minuten Zeit...

Beschränkt eure Kommunikation jetzt auf Ein-Wort-Sätze, d.h. jeder Satz darf nur ein Wort haben...

Benutzt jetzt überhaupt keine normalen Wörter mehr bei eurer Unterhaltung, sondern drückt euch zwei Minuten lang durch andere Geräusche (Summen, Krächzen, Töne etc.) aus...

Kommuniziert jetzt bitte zwei Minuten lang in einer Phantasiesprache, die in irgendeinem exotischen Land gesprochen werden könnte...

Macht jetzt auch keine Geräusche mehr, sondern unterhaltet euch für zwei Minuten in einer Gestensprache, wie sie vielleicht Taubstumme verwenden...

Und nun schließt eure Augen, gebt euch die Hände... Ihr habt jetzt nur noch die Möglichkeit, mit euren Händen zu sprechen...

Gebraucht jetzt wieder die Taubstummensprache für die nächsten zwei Minuten...

Jetzt benutzt die Phantasiesprache...

Jetzt benutzt für zwei Minuten wieder nur andere Geräusche...

Kommuniziert miteinander jetzt in Ein-Wort-Sätzen...

Und jetzt habt ihr fünf Minuten Zeit, aus all den verschiedenen Kommunikationsformen diejenigen auszuwählen, mit der ihr euch im Augenblick mit diesem Partner am liebsten verständigen wollt, also z.B. die ganz normale Sprache oder normale Sätze in Verbindung mit der Gebärdensprache etc...

Tauscht euch jetzt darüber aus, was ihr bei diesem Kommunikationsexperiment über euch und euren Partner erfahren habt. Ihr habt noch einmal fünf Minuten Zeit für dieses Gespräch...

Auswertung:

○ Wie fühlte ich mich bei diesem Experiment?
○ Welche Kommunikationsform fiel mir besonders leicht?
○ Welche fiel mir besonders schwer?
○ Welche Kommunikationsformen erlaubten mir am ehesten den Ausdruck meiner Gefühle?
○ Welche Gefühle habe ich zum Ausdruck gebracht?
○ Welche Gefühle hat mein Partner mir gegenüber zum Ausdruck gebracht?
○ Haben wir uns immer gut verstanden?
○ Gab es Missverständnisse?
○ In welchen Kommunikationsformen möchte ich mich weiter üben?

Erfahrungen: Dieses „mittelschwere" Interaktionsspiel setzt einige gruppendynamische Vorerfahrungen voraus und vor allem eine gewisse Spielbereitschaft. Dann kann es viel Spaß bringen und zu vielen neuen Einsichten verhelfen.

Erfahrungsgemäß fällt den meisten Menschen die normale sprachliche Kommunikation und die Handkommunikation am leichtesten, während die Kommunikationsformen einer mittleren Intimität, wie sie z. B. bei der Unterhaltung in der Phantasiesprache vorliegt, besonders schwerfällt. Es scheint so zu sein, dass die sehr enge bzw. die eher distanzierte Kommunikation am leichtesten ist.

Es ist wichtig, hier nicht zu bewerten, sondern lediglich Beobachtungen mitzuteilen. Der Einzelne soll sich darüber klarwerden, welche Kommunikationsformen er für sich selbst weiterentwickeln möchte. ❏

Kapitel 3
Aktivierung
bei Müdigkeit
und Unlust

Motorinspektion
(K.W.Vopel)

Ziele: Sie kennen wahrscheinlich aus den Gruppen, mit denen Sie arbeiten, die Alarmsignale, die eine niedrige Motivation der Teilnehmer anzeigen: leblose Gesichter, steife Körperhaltung, geringe verbale Beteiligung, festgefahrene Standpunkte, intellektuelle Stagnation etc.

Dieses Spiel ist für alle Lern- und Arbeitsgruppen geeignet, die emotionale und intellektuelle Nicht-Beteiligung auszudrücken und damit den ersten Schritt zur Überwindung des toten Punktes zu tun. Durch die physische Bewegung der Gruppenmitglieder kommt die Gruppe auch psychisch wieder in Gang: das Spiel ist ein guter Aktivator.

Teilnehmer: Ab 12 Jahren. Die Gruppengröße ist beliebig.

Zeit: Je nach Gruppengröße, bei 20 Teilnehmern brauchen Sie ca. zehn Minuten.

Spielanleitung: Ich habe den Eindruck, dass der Motor unserer Gruppe etwas stotternd läuft. Ich schlage daher eine Motorinspektion vor, an der alle mitwirken können.

Bitte geht zunächst hier im Raum herum, ohne zu sprechen, und hört mir zu...

Das Spiel, das ich euch vorschlage, soll verdeutlichen, wie stark zum augenblicklichen Zeitpunkt das Engagement jedes Einzelnen hier an der Arbeit der Gruppe ist. Ich lege in die Mitte des Raumes dieses Buch und bitte euch, so dicht heranzutreten, wie es eurem Engagement entspricht. Wenn ihr zur Zeit stark beteiligt seid, stellt euch dicht heran; wenn ihr weniger stark beteiligt seid, stellt euch in einer entsprechend größeren Entfernung auf.

Wählt also den Abstand zum Buch so, dass ihr das Ausmaß eures Engagements zur Zeit deutlich ausdrückt. Ihr habt den ganzen Raum zur Verfügung, um euch einen geeigneten Standort auszuwählen. Bei Bedarf könnt ihr sogar die Tür öffnen und aus dem Raum gehen...

Versucht jetzt, euren Platz zu finden... Bitte sprecht nicht miteinander...

Die Gruppe braucht sicher etliche Zeit, um sich im Raum entsprechend zu verteilen. Sobald jeder Teilnehmer seinen Platz gefunden hat, den er nicht mehr verändern möchte, fordern Sie weiter auf:

Schaut euch jetzt um, damit ihr sehen könnt, wo die anderen stehen...

Wie fühlt ihr euch an dem Platz, den ihr gewählt habt?... Was sagt er über eure Beteiligung?... Wie schätzt ihr eure Beteiligung ein im Vergleich zu anderen?... Was sagt ihr zum Platz der anderen?...

Äußert euch zu diesen Fragen kurz der Reihe nach...

Die Teilnehmer sollen während dieser kurzen Statements auf dem eingenommenen Platz stehenbleiben. Danach können Sie die Teilnehmer bitten, wieder im Kreis Platz zu nehmen.

Auswertung:

❍ Wie stark war meine Aktivität vor dem Experiment?

❍ Wie fühle ich mich jetzt?

❍ Was möchte ich ändern?

❍ Wie wird in der Gruppe Langeweile ausgedrückt?

❍ Wie geht die Gruppe mit Störungen um (vgl. Nr. 7)?

Erfahrungen: Dieses Experiment ist recht problemlos; es ist gleichgut geeignet für gruppendynamisch erfahrene und unerfahrene Teilnehmer.

Ich verwende es selbst sehr gern, allerdings manchmal zu spät, wenn schon wertvolle Zeit verstrichen ist, in der der Gruppenmotor ungleichmäßig lief. ❑

Ungewöhnliche Perspektiven

(Encountertradition)

Ziele: Steife und verkrampfte Gruppenmitglieder werden durch dieses einfache Spiel etwas in Bewegung gebracht. Ihre Wahrnehmungsfähigkeit wird zugleich angeregt. Es macht Spaß und kommt der Gruppenaktivität zugute.

Teilnehmer: Alle ab 6 Jahren. Die Gruppengröße ist beliebig.

Zeit: Sie brauchen 5 bis 10 Minuten.

Spielanleitung: Zur Aktivierung schlage ich euch ein kleines Spiel vor.

Ich möchte, dass ihr euch alle von euren Plätzen erhebt und etwas umhergeht. Wann immer ihr wollt, bleibt stehen und betrachtet euch gegenseitig aus einer ungewöhnlichen Stellung des Kopfes. Bitte redet nicht miteinander...

Beginnt damit, dass ihr euch mit dem Kopf nach vorn beugt und andere Teilnehmer von der Seite anschaut...

Geht jetzt auf jemanden zu und betrachtet ihn, indem ihr euch ganz nach vorn bückt und nach hinten durch eure Beine auf ihn schaut...

Jetzt fahrt fort, neue Möglichkeiten zu finden, andere aus ungewöhnlichen Perspektiven anzuschauen. Ihr könnt auf Stühle steigen, euch auf den Boden legen usw... (3 Min.)

Auswertung:
○ Wie fühle ich mich jetzt?
○ Welche Perspektive hat mir am meisten Spaß gemacht?
○ Welche Perspektive wich von meiner normalen am meisten ab?
○ Was kann ich Neues erfahren aus einer neuen Perspektive?
○ Welche Perspektive habe ich vermieden?
○ Was bedeuten Perspektiven für meine Art der Welt-Wahrnehmung?

Erfahrungen: Dies ist ein hübsches Spiel, das Lockerheit bringt und mit leichter Hand schnell ausgewertet werden kann. Bei Interesse der Teilnehmer gibt es jedoch auch genug Daten für eine gewichtige Auswertung. ❏

13

Redner und Schweiger

(K.W.Vopel)

Ziele: In Lern- und Arbeitsgruppen ist eine der Hauptschwierigkeiten die unterschiedliche verbale Beteiligung der Gruppenmitglieder an der gemeinsamen Arbeit. Während einige Teilnehmer häufig das Wort ergreifen, schweigen andere dauernd. Das Spiel „Redner und Schweiger" kann helfen, eine gleichmäßigere Beteiligung aller Mitglieder zu erzielen, die wiederum die Voraussetzung für einen lebendigen und schöpferischen Gruppenprozess ist.

Teilnehmer: Alle ab 10 Jahren. Das Experiment ist besonders geeignet für Gruppen im Schul- und Hochschulbereich; sehr empfehlenswert für alle Institutionsgruppen, die die zwischenmenschlichen Beziehungen in der Gruppe verbessern wollen. Gruppengröße: bis ca. 30 Mitglieder.

Zeit: Bei 20 Teilnehmern müssen Sie mit 30 bis 45 Minuten rechnen.

Spielanleitung: Dieses Spiel kann uns helfen, das Kommunikationsverhalten der Teilnehmer zu untersuchen und dazu Stellung zu nehmen.

Werdet euch bitte bewusst, von welchen Gruppenmitgliedern ihr möchtet, dass sie mehr oder weniger in der Gruppe sprechen als bisher und was das für euch bedeutet...

Einer startet dann und spricht einen anderen an, indem er zum Beispiel sagt: „Gisela, ich möchte, dass du etwas weniger redest. Deine Beiträge sind immer so lang, dass ich dabei einschlafe."

Der Angesprochene antwortet immer mit demselben Satz. Er sagt: DANKE, DASS DU MIR DAS GESAGT HAST.

In unserem Beispiel würde dann Gisela ihrerseits jemanden aussuchen, den sie ansprechen möchte, und vielleicht sagen: „Martin, ich möchte gern, dass du mehr sprichst. Ich finde, dass du ziemlich gute Ideen hast, die du aber leider nicht in der Gruppe äußerst."

Bitte lasst das Spiel zunächst ein wenig so laufen; wir können nachher zu den einzelnen Äußerungen Stellung nehmen...

Brechen Sie bei den ersten Ermüdungserscheinungen ab und geben Sie denjenigen Teilnehmern noch eine Chance, ihre Beteiligungswünsche an den Mann zu bringen, die bisher noch keine Gelegenheit dazu hatten.

Auswertung:
❍ Was wurde mir gesagt?
❍ Wie ist meine Reaktion darauf?
❍ Fand ich genügend Beachtung bei diesem Experiment?
❍ Bekam der Gruppenleiter auch Feedback?
❍ Wie kann die Beteiligung aller gesteigert werden?
❍ Wie fühle ich mich jetzt?

Erfahrungen: Dies ist eine unproblematische, zugleich sehr wirkungs-volle Übung, die besonders gut für gruppendynamische Neulinge geeig-net ist. ❑

Klopfen
(Encountertradition)

Ziele: Diese nonverbale Paarübung dient der psychophysischen Belebung der Gruppenmitglieder. Zugleich kann die Sensibilität trainiert werden, im nichtsprachlichen Bereich Bedürfnisse des Partners wahrzunehmen und sie zu berücksichtigen.

Teilnehmer: Ab 8 Jahren. Die Gruppengröße ist beliebig.

Zeit: Sie werden 10 bis 15 Minuten benötigen.

Spielanleitung: Ich habt gleich Gelegenheit, zusammen mit einem Partner eine besondere Form der Massage auszuprobieren – das Klopfen.

Bitte sucht euch einen Partner...

Stellt euch jetzt voreinander, und während der eine von euch sich mit geschlossenen Augen und locker herabhängenden Armen hinstellt, beginnt der andere, ihn mit den Fingerspitzen beider Hände zu beklopfen, und zwar auf einer Linie, die vom Scheitelpunkt des Kopfes an beiden Seiten des Körpers an den Armen entlang und entlang der Beine bis hinab zu den Knöcheln führt. Wenn ihr bei den Knöcheln angelangt seid, kehrt anschließend mit euren klopfenden Händen die gleiche Linie zurück bis zum Ausgangspunkt. Wechselt danach schweigend die Rollen...

Demonstrieren Sie der Gruppe kurz, wie geklopft werden soll. Geben Sie dann noch folgende Erklärungen:

Versucht, während ihr klopft, die Empfindungen des Partners wahrzunehmen. Vielleicht gelingt es euch herauszubekommen, welche Art des Klopfens dem Partner besonders angenehm ist. Geht dabei nicht zu schnell vor. Und sprecht bitte nicht dabei....

Wenn ihr beide mit dem Klopfen fertig seid, setzt euch zusammen und besprecht, was ihr erfahren habt. Dafür habt ihr dann noch einmal fünf Minuten Zeit...

Auswertung:
❍ Was gefiel mir besser: zu klopfen oder geklopft zu werden?
❍ Woran konnte ich feststellen, ob meinem Partner das Klopfen gefiel?
❍ Wie habe ich selbst Wohlbehagen bzw. Unbehagen ausgedrückt?
❍ Wie fühle ich mich jetzt?

Ja – Nein
(Encountertradition)

Ziele: Oft werden aggressive Gefühle in Gruppen nicht direkt ausgedrückt. Sie vergiften dann als latente Aggressivität in Form von Sticheleien, Ironie etc. das Gruppenklima. Die Kommunikation in einer von Pseudofreundlichkeit geprägten Gruppenkultur ist für alle Beteiligten (Leiter wie Teilnehmer) auf die Dauer ebenso unerquicklich wie die Besuche bei einer Erbtante, die von Nichten und Neffen devote Verehrung verlangt.

Dieses Experiment kann dem Einzelnen den Ausdruck aggressiver Gefühle ermöglichen und evtl. bestehende Vermeidungsstrategien ins Bewusstsein bringen. Für die Gruppe bringt das in der Regel eine spürbare Klimaverbesserung.

Teilnehmer: Alle ab 12 Jahren. Die Gruppengröße ist beliebig.

Zeit: Sie brauchen ca. 20 Minuten.

Spielanleitung: Ich möchte euch eine Paarübung vorschlagen, die wahrscheinlich den meisten Spaß machen wird und die geeignet ist, auch starke Gefühle auszudrücken, insbesondere Frustration, Ärger, Aggressionen. Vorher möchte ich euch die Übung erklären.

Besinnt euch einen Augenblick, mit wem ihr zur Zeit die größten Differenzen habt – sei es, dass ihr schon einmal zornig auf ihn wart, dass ihr im Augenblick ärgerlich auf ihn seid oder dass ihr euch nur vorstellen könnt, dass es zu Meinungsverschiedenheiten kommen könnte. Bitte bildet mit diesem Gruppenmitglied ein Paar...

Die meisten Leute haben irgendwann einmal eine Menge Ärger unter der Oberfläche ihres normalen Verhaltens, ob sie nun bereit sind, das zuzugeben oder nicht. Normalerweise macht sich das bemerkbar als Körperspannung, insbesondere als Anspannung in der Nacken- und Schultergegend. Überprüft einmal, wieweit ihr diese Symptome jetzt bei euch feststellen könnt...

Stellt euch einander gegenüber und seht euch an...

Ihr werdet gleich einen ganz einfachen Dialog miteinander führen, indem nämlich einer von euch immer JA sagen wird – und zwar immer und immer wieder –, während der andere immer und immer wieder NEIN sagen wird. Das sind die beiden einzigen Wörter in diesem Dialog.

Fangt an mit einem normalen Konversationston. Dann werdet allmählich lauter und lauter, bis ihr euch schließlich anschreit.

Beginnt gleich, wenn ich LOS rufe. Wenn der eine NEIN wählt, dann hat der Partner automatisch das JA und umgekehrt. In einer zweiten Runde wird dann gewechselt...

Wenn die Lautstärke ihren Höhepunkt erreicht hat, geben Sie der Gruppe durch Zeichen zu verstehen, dass sie abbrechen soll.

Fordern Sie die Teilnehmer dann auf, die Rollen zu wechseln. Geben Sie das neue Startsignal und brechen Sie wieder ab, wenn die Lautstärke ihren Höhepunkt erreicht hat.

Anschließend geben Sie den Teilnehmern Gelegenheit, zunächst in der Paarverbindung kurz ihre Reaktionen auf das Experiment auszutauschen.

Auswertung:
❍ Konnte ich mich in der Aggressivität steigern? Oder habe ich den Kühlen und Überlegenen gespielt?
❍ Wie habe ich meinen Partner erlebt?
❍ Was stimuliert mich mehr: Ja oder Nein?
❍ Was will ich mit diesem Erlebnis anfangen?
❍ Wie fühle ich mich jetzt?

Erfahrungen: Das Spiel baut Spannungen von vorher ab und führt die Gruppe auf ein relativ hohes Energieniveau. Die Auswertungsphase sollte nicht zu lange sein, es sei denn, dass das Thema der Gruppe ohnehin im Augenblick der „Umgang mit Aggressionen" ist.

Das Spiel eignet sich auch vorzüglich zur Selbsterfahrung im Bereich Macht, Einfluss und Konkurrenz (vgl. das entsprechende Kapitel). Es ist außerdem ein passendes Experiment, um am Ende einer Gruppensitzung alle Teilnehmer mit einem konstruktiven Gefühl gehen zu lassen. ❑

Kapitel 4
Entwicklung von Vertrauen und Offenheit

16

Befürchtungen

(nach J. O. Stevens)

Ziele: Das Experiment hat die Aufgabe, das Vertrauen zwischen zwei Partnern dadurch zu vertiefen, dass zunächst die gegenseitigen Befürchtungen ausgesprochen werden.

Teilnehmer: Alle ab 12 Jahren; Gruppengröße: bis zu 30 Teilnehmern.

Zeit: Bei 20 Teilnehmern müssen Sie mit ca. 45 Minuten rechnen.

Spielanleitung: Bitte schaut euch um und werdet euch bewusst, welchem Gruppenmitglied ihr nur schwer vertrauen könnt...

Oder: Welches Gruppenmitglied ihr besser kennenlernen möchtet... Diese Formulierung ist für eine besonders ängstliche Gruppe vorzuziehen.

Wählt jetzt einen Partner, zu dem ihr gern mehr Vertrauen entwickeln möchtet, und bildet mit ihm ein Paar...

Verteilt euch im Raum und setzt euch einander gegenüber... Schaut den Partner an...

Der Größere von euch ist A, der Kleinere B. Ich möchte, dass A seinem Partner B in den nächsten vier Minuten immer wieder dieselbe Frage stellt, und zwar:

WAS FÜRCHTEST DU AN MEINER PERSON UND AN MEINEM VERHALTEN?

B wird dann immer mit einem ganzen Satz antworten, der beginnt mit den Worten:

ICH FÜRCHTE...

z.B.: „Ich fürchte, dass du viel besser deine Ansichten formulieren kannst als ich."

Dann sagt A:

DANKESCHÖN

und wiederholt seine Frage.

B antwortet dann erneut und formuliert eine weitere Befürchtung. So geht das während der nächsten vier Minuten. Sagt nichts anderes und sprecht nicht darüber, was ihr sagt – also verwässert eure Unterhaltung nicht durch Zusatzfragen, Entschuldigungen, Erklärungen etc.

Bitte beginnt jetzt...

Jetzt wechselt die Rollen, sodass nun B die Frage stellt und A seine Antworten gibt....

Bitte sprecht jetzt für fünf Minuten miteinander über eure Erfahrungen bei diesem Experiment...

Auswertung:

❍ Was empfinde ich jetzt meinem Partner gegenüber?

❍ Habe ich jetzt mehr Vertrauen zu mir selbst und zu meinem Partner?

❍ Habe ich wirklich wichtige Befürchtungen genannt oder um den heißen Brei herumgeredet?

❍ Möchte ich auch anderen Gruppenmitgliedern gegenüber noch Befürchtungen äußern?

Erfahrungen: Das Spiel funktioniert auch in ängstlichen Gruppen gut, da ja die Intimität der Paarverbindung erheblichen Schutz gewährt. Es ist eine gute Übung zur Verbesserung des Klimas. ❏

Vertrauensspaziergang
(Encountertradition)

Ziele: Dieses Spiel kann den Teilnehmern die Erfahrung vermitteln, dass sie anderen und sich selbst mehr vertrauen können, als sie es gewöhnlich tun. Das sich entwickelnde Vertrauen gründet auf zwei Säulen: der Zuverlässigkeit des Partners und der Sicherheit, die der umfassendere Gebrauch der eigenen Sinne gibt. Neben der Verstärkung des sozialen Vertrauens ist das ein überaus wichtiges Lernziel: die eigene sinnliche Wahrnehmungsfähigkeit aktiv einzusetzen und neu zu erleben.

Teilnehmer: Ab 10 Jahren, auch für gruppendynamische Neulinge gut geeignet. Gruppengröße: Wenn die Auswertung im Plenum stattfinden soll, sollte die Gruppe nicht mehr als 20 Teilnehmer haben.

Zeit: Bei 20 Teilnehmern müssen Sie mit ca. 60 Minuten rechnen.

Raum: Am besten ist es, wenn Sie dieses Experiment im Freien machen können, damit möglichst viele sinnliche Erfahrungen gemacht werden können.

Spielanleitung: Ich möchte euch ein Spiel vorschlagen, bei dem ihr überprüfen könnt, wieweit ihr bereit seid, einem anderen Gruppenmitglied zu vertrauen. Schaut euch bitte um und werdet euch bewusst, mit welchem Gruppenmitglied ihr diese Übung machen wollt...

Wählt euch jetzt einen Partner...

Normalerweise hängen wir alle so sehr von unserem Gesichtssinn ab, dass wir dazu tendieren, unsere anderen Sinne zu ignorieren, z.B. unser Gehör, unseren Tast- und Geruchssinn oder alle anderen Sinne unseres Körpers. Bei diesem Experiment könnt ihr diese häufig vernachlässigten Sinne wieder mehr erfahren.

Ihr werdet euch nämlich nacheinander auf einen Vertrauensspaziergang führen, sodass ihr in besseren Kontakt kommt mit all euren Sinnen und gleichzeitig mit eurer Vertrauensfähigkeit. Einer von euch wird die Augen schließen und sich für 15 Minuten von seinem Partner herumführen lassen. Dann werden die Rollen gewechselt, der Führende wird der Geführte.

Die Aufgabe des Führenden ist es, dem „blinden" Partner eine möglichst breite Skala von Erfahrungen des Berührens, des Riechens, Hörens usw. zu vermitteln. Der Führende muss darüber hinaus den Blinden an allen Hindernissen vorbeiführen und ihn schützen vor allem, was möglicherweise gefährlich, erschreckend oder unangenehm für den Blinden ist.

Während ihr den Blinden führt, haltet ihn bitte auf folgende Weise an der Hand: Der Führende hält seine Hand so, als ob er ein dickbäuchiges Trinkglas hält. Der Blinde hängt seine Hand von oben hinein wie in eine Glocke, sodass seine Fingerspitzen in der Mitte der Hand des Führenden liegen. Das ist eine sehr gute Art, die Hand des Partners zu halten. Gleichzeitig kann der Führende den Blinden so gut unterstützen, wenn er stolpert oder sonst die Balance verliert. Keiner von euch darf sprechen. Kommuniziert allein durch den Handkontakt. Leitet den Partner langsam an allen Hindernissen vorbei. Benutzt eure Hand, um die Richtung anzuzeigen, wenn ihr dem Blinden ein bestimmtes Erlebnis oder eine bestimmte Erfahrung vermitteln wollt. Wenn ihr an sehr große Objekte kommt, zum Beispiel an eine Wand oder an einen Baum, dann legt beide Hände des Blinden darauf und wartet, bis er in aller Ruhe diesen Gegenstand oder diesen Baum sinnlich erforscht hat; erst dann nehmt ihn mit zu einer weiteren Erfahrung. Irgendwann auf diesem Spaziergang vermittelt dem Blinden auch die Berührung mit einer anderen Person außer euch. Das kann ein sehr schönes Erlebnis für ihn sein.

Später könnt ihr schneller gehen, sofern keine Hindernisse im Weg sind. Wenn ihr beide Lust habt, könnt ihr sogar zusammen laufen. Das ist sehr schön, aber ihr solltet es nur dann tun, wenn ihr beide Mut dazu habt. An dem Druck seiner Hand und an seinen Körperbewegungen könnt ihr merken, wenn euer Partner nicht bereit ist. Zwingt ihn nicht, irgendetwas zu tun, was er nicht möchte, auch wenn ihr selbst überzeugt seid, dass es harmlos ist.

Einer von euch wird jetzt die Augen schließen, und dann beginnt euren Spaziergang. Denkt daran, dass ihr nicht miteinander sprechen dürft. Nach einer Viertelstunde wechselt bitte die Rollen. Und in einer halben Stunde wollen wir uns hier alle wieder treffen...

Auswertung:
❍ Wie habe ich mich bei diesem Experiment gefühlt?
❍ Wann fühlte ich mich wohler, als Führender oder als Geführter?
❍ Was war mir das angenehmste Erlebnis als Geführter?
❍ Was war das unangenehmste Erlebnis für mich?

❍ Welche Erfahrungen habe ich mit meinen Sinnen gemacht?
❍ Wie vertrauenswürdig war der Partner für mich?
❍ Ich vertraue Leuten, die...

Erfahrungen: Der Vertrauensspaziergang ist besonders im Frühling oder Sommer eines der bezauberndsten Interaktionsspiele; es eignet sich auch sehr gut für den Hausgebrauch in der eigenen Familie mit Eltern und Kindern. ❏

18

Offenheitstest

(aus der Praxis gruppendynamischer Laboratorien)

Ziele: Das Experiment soll den Gruppenmitgliedern helfen, ein größeres Ausmaß an Offenheit zu erreichen, und zwar sollen sie feststellen, welches Ausmaß an sozialem Vertrauen gegenwärtig in der Gruppe besteht.

Teilnehmer: Ab 16 Jahren, besonders für Arbeitsgruppen in Organisationen geeignet.

Zeit: Bei 20 Teilnehmern brauchen Sie ca. 60 Minuten.

Material: Flipchartpapier, Papier und Bleistift für die Teilnehmer.

Spielanleitung: Fordern Sie die Teilnehmer auf, etwas über sich selbst aufzuschreiben, was sie bisher niemandem in der Gruppe gesagt haben (einige werden nur einen Satz schreiben, einige vielleicht eine längere Geschichte, einige werden möglicherweise gar nichts schreiben).

Die Teilnehmer werden dann gebeten, laut vorzulesen, was sie geschrieben haben. Nachdem alle Papiere laut vorgelesen sind, wird auf der Tafel eine Linie gezogen mit den beiden Endpunkten „Öffentliche Information" bzw. „Private Information" (s. Abb.).

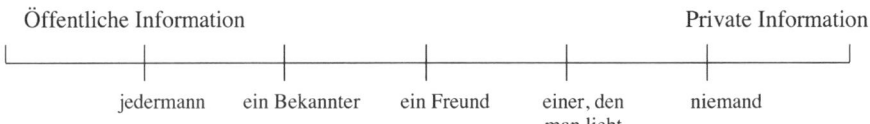

Dann werden die Äußerungen der Teilnehmer noch einmal vorgelesen, wobei die Gruppe jedes Mal aufgefordert wird zu sagen, ob die vorgelesene Äußerung wohl „jedermann" oder nur „einem Freund" oder sogar „niemandem" gesagt wird. An der betreffenden Stelle wird dann ein kleines Kreuzchen in der Skala angebracht. Die Gruppe sollte zu einem Konsensus für die Plazierung des Kreuzchens kommen. Dabei ist nicht allein die Meinung des Verfassers ausschlaggebend. Es wird häufiger vorkommen, dass der betreffende Teilnehmer seine eigene Äußerung als sehr vertraulich einschätzt, weil er Schwierigkeiten hat, offen mit anderen Leuten zu kommunizieren, zu denen er keine enge freundschaftliche Bindung hat. Andere Teilnehmer werden demgegenüber vielleicht diese Äußerung als verhältnismäßig öffentlich einschätzen und sie mehr auf dem Teil der Skala markieren wollen, der ein geringes Ausmaß sozialen Vertrauens anzeigt.

Die Bedeutung dieser Übung liegt darin, dass diese unterschiedlichen Beurteilungen deutlich werden, sodass die Teilnehmer von ihren Geheimhaltungsängsten entlastet werden und Vertrauen entwickeln können, offener miteinander zu reden.

Geben Sie den Teilnehmern in der anschließenden Auswertungsdiskussion Gelegenheit, das Ausmaß von Vertrauen einzuschätzen, wie es gegenwärtig in der Gruppe zu beobachten ist, und sich darüber klarzuwerden, welche Bedeutung Offenheit und Vertrauen für das gute Funktionieren einer Gruppe haben.

Auswertung:
❍ Wie habe ich mich bei dem Experiment gefühlt?
❍ Wie offen war ich dabei?
❍ Welche Verhaltensweisen einzelner Teilnehmer führen dazu, dass mein Vertrauen in der Gruppe abnimmt?
❍ Welche Verhaltensweisen einzelner Teilnehmer führen dazu, dass mein Vertrauen in der Gruppe zunimmt?
❍ Wie groß ist das Ausmaß an sozialem Vertrauen gegenwärtig in der Gruppe?
❍ Was können wir tun, um das Vertrauen zu verstärken?
❍ Wie fühle ich mich jetzt?

Erfahrungen Bei diesem Experiment ist die Qualität des Auswertungsgesprächs sehr wichtig. ❏

19

Geheimnisse entlocken

(nach J. Elliott)

Ziele: Offene und verantwortliche Kommunikation ist ein wichtiges Ziel in allen Lern- und Arbeitsgruppen. Wenn jeder nur das sagt, was von ihm erwartet wird, dann wird viel konformistischer „Schmus" geredet, dem niemand große Bedeutung beimisst. Wenn jeder jedoch weitgehend ungefiltert und authentisch seine emotionale und intellektuelle Erfahrung ausdrückt, fühlen sich die Gruppenmitglieder recht bald sicher. Sie müssen nämlich nicht mehr ständig fragen: „Was ist soziale Fassade – was ist echt?" Dieses Experiment hat die Aufgabe, die Gruppenkommunikation noch offener und ehrlicher zu machen und verzichtbare Geheimnisse zu lüften. Es ist nicht geeignet für sehr ängstliche und unerfahrene Gruppenleiter und Gruppenteilnehmer.

Teilnehmer: Ab 14 Jahren. Voraussetzung ist, dass in der Gruppe bereits eine solide Vertrauensbasis besteht und dass Sie sich als Gruppenleiter zutrauen, auch mit möglichen Belastungen umzugehen. Das Spiel ist anstrengend und ergiebig. Die Gruppe sollte nach Möglichkeit nicht mehr als 20 Teilnehmer haben.

Zeit: Sie müssen mit ca. 60 Minuten rechnen.

Spielanleitung: Barrieren, die zwischen einzelnen Gruppenmitgliedern bestehen, werden oft dadurch aufgerichtet, dass bestimmte Dinge nicht gesagt werden, weil wir sie lieber für uns behalten. Wir haben Geheimnisse, weil wir uns vorstellen, dass ihre Veröffentlichung sehr unangenehme Konsequenzen für uns hätte, dass andere uns dann vielleicht nicht mehr so gern haben, dass wir ausgenutzt werden oder dass die anderen Widerwillen gegen uns empfinden würden.

Das folgende Interaktionsspiel gibt uns eine gute Chance zu testen, inwieweit unsere Katastrophenerwartungen wirklich begründet sind. Wir können versuchen herauszufinden, wie wir auf die Veröffentlichung solcher Geheimnisse reagieren und inwieweit wir mehr Offenheit in unserer Gruppe für angebracht halten.

Das Spiel bietet jedem von uns die Möglichkeit, selbst etwas von unseren zurückgehaltenen Informationen anzubieten bzw. anderen Leuten Geheimnisse zu „entlocken". Jeder kommt einmal an die Reihe, wobei er nacheinander drei Gruppenmitgliedern jeweils ein Geheimnis entlocken kann. Er hat die Chance, drei Leuten eine Frage zu stellen. Die Form der Frage ist festgelegt und immer gleich:

GIBT ES ETWAS, DAS DU BISHER VOR MIR GEHEIMGEHALTEN HAST?

Jetzt ist der Angesprochene an der Reihe. Er hat zwei Möglichkeiten.

Er kann sich entschließen, die Frage zu beantworten. Er kann aber auch schlicht NEIN sagen. Was immer er sagt, es ist eine gültige Antwort, auch wenn er „Nein" sagt.

Wenn er sich entscheidet, auf die Frage zu antworten, kann er sagen, was er möchte. Er kann eine Information geben, er kann ein Gefühl mitteilen, das er auf die Frage hin bei sich wahrnimmt. Er kann mitteilen, was er bisher nicht preisgegeben hat.

Für jeden, der antworten will, gilt: Je schwerer die Sache zu sagen ist, desto besser. Vielleicht ist mancher von euch froh darüber, dass er jetzt Gelegenheit hat, etwas zu sagen, was sonst ziemlich schwer ist für ihn.

Wenn der Angesprochene seine Antwort gegeben hat, hat der Frager seinerseits zwei Möglichkeiten. Entweder kann er sagen: DANKE
oder:

KANNST DU DAS NOCH SPEZIFISCHER SAGEN?

Jeder von euch hat dreimal die Chance, eine Frage zu stellen. Er kann diese Frage drei verschiedenen Teilnehmern stellen oder aber auch nur einer einzigen Person. Die Frage ist in jedem Fall immer die gleiche. Und es gibt immer nur eine einzige abschließende Antwort des Fragenden: „Danke."

Bitte achten Sie darauf, dass die ersten Gruppenmitglieder strikt die Anweisungen beachten. Die Struktur des Experiments ist wichtig, da sie die notwendige Sicherheit gibt. Die letzten drei Fragen haben Sie als Gruppenleiter.

Auswertung:
❍ Wie fühlte ich mich bei dem Experiment?
❍ Wurde ich genügend beachtet?
❍ Fühlte ich mich übergangen?
❍ Habe ich wirklich die Leute gefragt, die meine Phantasie beschäftigen?
❍ Was denke und fühle ich über das, was ich gefragt worden bin, und über das, was ich nicht gefragt worden bin?
❍ Was habe ich vermieden zu sagen?

Erfahrungen: Dieses Experiment bietet eine hervorragende Möglichkeit, Offenheit zu erleben und zu praktizieren; erproben Sie dieses Experiment auf keinen Fall zu früh.

Wenn Sie noch Zeit haben, können Sie einzelnen Teilnehmern, die noch auf ihren Geheimnissen sitzen, eine Einzelaktivität anbieten. Dabei geht es darum, dass jemand ein Geheimnis offenbart, das er gern mitteilen möchte.

Er sollte dabei den einleitenden Satz sprechen: „Ich habe noch ein Geheimnis für dich." Auch im Anschluss an die Veröffentlichung dieses Geheimnisses erfolgt ein Reaktionsaustausch im Plenum.

Schließen Sie die Sitzung mit einem „Blitzlicht" (siehe Teil 2 der Interaktionsspiele). ❑

20

Vertrauenskreis

(Encountertradition)

Ziele: Viele Menschen haben nie vitales Vertrauen zu sich selbst und anderen entwickeln können. Ziel dieses Experiments ist es, den Gruppenmitgliedern die Chance zu geben, mit dem ganzen Körper intensiv zu erfahren, wie sich der Prozess von Geben und Nehmen von Vertrauen anfühlt. Die konkrete körperliche Erfahrung von Vertrauen ist etwas qualitativ Anderes als das Reden über Vertrauen. Der überwiegende Gebrauch von Worten führt allzu leicht dazu, dass wir uns von der Realität unseres Körpers entfremden und den Kontakt zu unseren Mitmenschen verdünnen. Wenn wir nur Worte sprechen, können wir unsere Gefühle übersehen bzw. verstecken. Der Wert von körperlicher Bewegung und Berührung besteht darin, dass wir bedeutungsvollen emotionalen Kontakt zu den Menschen, mit denen wir leben, herstellen können.

Teilnehmer: Ab 8 Jahren. Das Experiment ist besonders wichtig für alle, die nie genug Zärtlichkeit und Wärme erhalten haben.

Die Gruppengröße ist beliebig. Größere Gruppen können Sie aufteilen in mehrere Kleingruppen mit jeweils ca. sieben Teilnehmern.

Zeit: Rechnen Sie mit ungefähr 60 Minuten.

Raum: Sie benötigen einen Gruppenraum, der die zu bildenden Kleingruppen bequem aufnehmen kann (pro Kreis ca. 12 qm).

Spielanleitung: In diesem Experiment könnt ihr erfahren, wie ihr Vertrauen körperlich erlebt. Könnt ihr euch anderen anvertrauen? – Welche Gefühle habt ihr dabei?

Bitte bildet Gruppen mit je sieben Teilnehmern und versucht, Männer und Frauen einigermaßen gleichmäßig zu verteilen...

Stellt euch jetzt in kleinen Kreisen zusammen und verteilt die schwächeren Leute im Kreis gleichmäßig...

Zunächst will ich euch das Experiment erklären. Passt bitte gut auf, da nachher beim Spiel nicht mehr gesprochen werden darf, damit niemand abgelenkt wird. Zuerst geht einer in jeder Gruppe in das Zentrum des Kreises und kreuzt die Arme vor seiner Brust. Die anderen treten dicht an ihn heran und halten ihn eine Zeit lang leicht mit den Händen.

Der Teilnehmer in der Mitte schließt dann die Augen und versucht, seinen Körper geradezuhalten und sich zu entspannen. Er wird dann nach einer Seite fallen, und die Teilnehmer im Kreis werden ihn auffangen. Dann werden sie ihn sanft im Kreis herumgeben und sehr langsam diesen Kreis vergrößern.

Der Teilnehmer in der Mitte wird weiter herumgereicht; schließlich wird der Durchmesser des Kreises wieder reduziert. Die Runde wird beendet, indem er wieder eine Zeit lang festgehalten wird und alle summen, während sie ihn sehr sanft halten.

Habt ihr begriffen, wie die Sache geht?...

Ehe ihr nun beginnt, möchte ich euch noch auf einige wichtige Dinge aufmerksam machen:

Die grundlegende Idee des Spiels ist es, dass dem Teilnehmer in der Mitte die Erfahrung des Vertrauens ermöglicht wird. Er muss darauf vertrauen können, dass er nicht fallen gelassen wird. Ihr müsst vertrauenswürdig genug sein, um ihm dieses Vertrauen zu ermöglichen. Seid nicht rau und grob und werft ihn nicht herum. Seid sanft und vorsichtig, wenn ihr den Kreis langsam erweitert. Wenn ihr merkt, dass er zu schnell bewegt wird, macht den Kreis wieder etwas kleiner. Sprecht nicht und lacht nicht dabei. Versucht während des ganzen Spiels zu schweigen, sodass der Teilnehmer in der Mitte sich wirklich auf das Experiment konzentrieren kann, ohne abgelenkt zu werden.

Ihr solltet einen Fuß nach vorn und einen nach hinten stellen, so könnt ihr eine ganze Menge Last auffangen, auch wenn ihr nicht besonders stark seid. Je dichter ihr bei dem Teilnehmer in der Mitte steht, desto weniger müsst ihr tragen. Beobachtet seine Füße: Sie sollten immer im Zentrum des Kreises stehen.

Der Teilnehmer in der Mitte sollte sich so weit wie möglich entspannen und seinen Körper ganz gerade halten. Er soll seine Knie nicht durchbiegen, die Füße sollen flach nebeneinander auf dem Boden stehen, die Knöchel möglichst entspannt sein. Ist der Teilnehmer in der Mitte sehr angespannt, solltet ihr anderen versuchen, ihn besonders langsam und ruhig zu bewegen, damit er mehr Zutrauen gewinnen kann.

Wenn jemand einen Wirbelsäulenschaden hat, sollte er nicht an diesem Spiel teilnehmen.

So, jetzt geht's los. Beginnt mit dem sanften Festhalten... (30 Sek.)

Jetzt beginnt, den Teilnehmer in der Mitte langsam herumzureichen... (1 Min.)

61

Vergrößert nun den Kreis ganz langsam und reicht ihn weiter vorsichtig herum... (1 Min.)

Jetzt reduziert die Größe des Kreises wieder langsam... (1 Min.)

Kommt jetzt zum Stillstand, haltet den Teilnehmer in der Mitte sanft fest und summt leise dazu... (30 Sek.)

Anschließend geht ein anderes Gruppenmitglied in die Mitte des Kreises, und das Spiel beginnt von Neuem. Wiederholen Sie auch die Instruktionen. Jeder, der möchte, soll Gelegenheit haben, einmal in die Mitte zu gehen. Geben Sie den Teilnehmern anschließend Zeit, in einem 10-Minuten-Gespräch in ihrer kleinen Gruppe über das Experiment zu sprechen.

Es hängt jetzt von Ihren Absichten bzw. von der Situation in der Gruppe ab, ob Sie anschließend noch ein (kurzes) Plenum veranstalten. Wichtig ist in jedem Fall, dass die Erfahrungen durch Vielrederei und Intellektualisieren nicht wieder zerredet werden.

Auswertung:
❍ Wie fühlte ich mich in der Mitte?
❍ Wie viel Vertrauen hatte ich zu den anderen?
❍ Wie fühlte ich mich im Kreis der Umstehenden?
❍ Was habe ich bei den anderen bemerkt?
❍ Wie klappte die Koordination und die Zusammenarbeit?
❍ War unsere Gruppe sensitiv, oder spielten wir „Kohlentrimmer"?

Erfahrungen: Das ist ein sehr wichtiges Experiment. Wenn in der Gruppe ein wirkliches Bedürfnis lebendig ist, sich einmal fallen zu lassen und anzuvertrauen, dann wird hierdurch eine wunderbare Erfahrung möglich. Für Sie als Gruppenleiter ist in diesem Fall also die Bestimmung des Zeitpunktes besonders entscheidend. ❏

Kapitel 5
Beziehungsklärung und Feedback

Eindrucksbombardierung
(Encountertradition)

Ziele: Hier wird Gelegenheit gegeben, ein „naives" Feedback („Wie wirkt dein Verhalten auf mich?") zu geben. Das Experiment eignet sich als Kurztechnik am Ende von einer der ersten Sitzungen im Leben der Gruppe.

Wenn Sie also in einer Gruppe anfangen zu arbeiten und interaktionelle Elemente einführen wollen, ist dies ein sehr hilfreiches Experiment.

Teilnehmer: Ab 8 Jahren; es ist auch für ängstliche und unbewegliche Gruppen geeignet. Die Gruppengröße ist beliebig.

Zeit: Sie brauchen zwischen 5 und 15 Minuten.

Spielanleitung: Ich möchte einigen von euch Gelegenheit geben zu erfahren, welchen ersten Eindruck sie auf die anderen gemacht haben.

Das Spiel geht so: Die Zielperson hört sich ohne Kommentar die ersten Eindrücke der verschiedenen Teilnehmer an. Jeder kann seinen ersten Eindruck kurz vorbringen. Er sollte möglichst konkret und spezifisch sein. Sagt also nicht: „Du bist eine Führernatur", sondern sagt statt dessen: „Du hast von allen am häufigsten und längsten geredet. Ich habe mich darüber geärgert."

Wenn aus der Gruppe kein weiterer Eindruck genannt wird, kann sich ein anderer Freiwilliger melden.

Habt ihr verstanden, wie das geht?...

Mehr als drei Freiwillige sollten nicht ausgewählt werden, damit die Sitzung nicht langweilig wird.

Fragen Sie anschließend die „Bombardierten" kurz nach ihrer Reaktion. Verzichten Sie auf eine ausführlichere Auswertung. ❑

Familienwahl

(K.W.Vopel, angeregt durch D. Malamud)

Ziele: Das Experiment macht die soziale Struktur der Gruppe transparenter, indem es den Gruppenmitgliedern Aufschluss darüber gibt, wie sie von anderen erlebt werden. Es hilft besonders, zwei Fragen zu beantworten: „Wer fühlt sich mir nahe?" „Unter welchen Aspekten werde ich von Einzelnen geschätzt?"

Da die Familienwahl nur positive Aspekte der Gruppenbeziehung herausarbeitet, ist das Spiel für die meisten Menschen nicht so belastend wie soziometrische Wahlen, die Zuneigung und Ablehnung in gleicher Weise ausdrücken.

Teilnehmer: Ab 14 Jahren; auch für gruppendynamisch unerfahrene Gruppen geeignet. Die Gruppengröße sollte 20 Teilnehmer nicht überschreiten. Bei größeren Gruppen sollten Sie sie in Kleingruppen von jeweils 10 Personen auflösen, damit eine gewisse Intimität der Kommunikation gewährleistet ist. Die Zusammensetzung der Kleingruppen sollte dem Zufallsprinzip folgen.

Zeit: Bei 20 Teilnehmern brauchen Sie ca. 70 Minuten.

Material: Kopieren Sie für jeden das Formular „Familienwahl".

Spielanleitung: Das Experiment gibt euch Gelegenheit, euch etwas Klarheit über die gefühlsmäßigen Beziehungen in der Gruppe zu verschaffen. Stellt euch vor, dass jeder aus der Gruppe eine Familie auswählen kann: Jeder kann sich einen Vater, eine Mutter, Partnerin oder Partner, einen Bruder und eine Schwester aus der Gruppe wählen.

Bitte konzentriert euch einen Augenblick darauf, wer für eine derartige Wahl für euch in Frage kommen kann...

Nehmt euch jetzt bitte das von mir vorbereitete Formular und schreibt in die oberen freien Zeilen, wen ihr selbst zum Vater, zur Mutter, zum Partner, zum Bruder und zur Schwester wählen wollt. Schreibt in die vorderen Zeilen unter Punkt 2, wer euch eurer Meinung nach aus der Gruppe für die dort angegebenen Rollen wählen wird. Die Zeilen unter dem Punkt 3 lasst zunächst noch frei; dort könnt ihr später eintragen, wer euch wirklich für die entsprechenden Rollen gewählt hat.

Familienwahl

Aktive Wahl

1. Ich wähle selbst...

– als Vater: ....

– als Mutter: ....

– als PartnerIn: ....

– als Bruder: ....

– als Schwester: ....

Passive Wahl

2. Ich glaube, ich werde gewählt von... 3. Ich wurde wirklich gewählt von...

.... als Vater ....

.... als Mutter ....

.... als PartnerIn ....

.... als Bruder ....

.... als Schwester..

Datum: ....

Unterschrift:...

Geben Sie ca. 10 Minuten Zeit, aber gehen Sie erst weiter, wenn wirklich alle fertig sind.

Jetzt bitte ich euch, in einem Rundgang der Gruppe eure Wahlen bekanntzugeben, indem ihr jede Wahl so genau wie möglich begründet.

Die Gewählten können nun in ihrem eigenen Formular unter Punkt 3 die entsprechende Notiz machen, sodass sie nachher übersehen können, wie oft sie für welche Rolle ausersehen wurden.

Immer, wenn ein Teilnehmer seine Familienwahl bekanntgegeben hat, können die gewählten und die nichtgewählten Gruppenmitglieder dazu Stellung nehmen...

Auswertung:

❍ Wie fühlte ich mich bei dem Experiment?
❍ Wie wurde ich von den anderen gesehen?
❍ Für welche Rolle wurde ich gewählt?
❍ Wenn ich überwiegend für eine bestimmte Rolle gewählt wurde: Was bedeutet das für mich?
❍ Wurde ich auch von den Mitgliedern gewählt, die ich meinerseits in meine Familie wählte?
❍ Wie sind meine Reaktionen darauf, gewählt zu sein bzw. nicht gewählt zu sein für die eine oder andere Familienrolle?
❍ Wieweit habe ich richtig eingeschätzt, wer mich wählen wird für welche Rolle?
❍ Wer von uns wurde am häufigsten und wer am wenigsten für eine bestimmte Rolle gewählt?

Erfahrungen: Ich mag dieses Experiment sehr gern. Es ist recht nützlich, wenn Sie sich als Gruppenleiter hier an dem Experiment beteiligen, um zu sehen, welche soziale Resonanz Sie in der Gruppe haben und um der Gruppe etwas von Ihren eigenen Gefühlen für einzelne Gruppenmitglieder mitzuteilen.

Sie können das Spiel vereinfachen, wenn Sie den Punkt 2 der vermuteten Wahlen weglassen. Andererseits ist das ein wichtiger Lernprozess: bewusst zu erleben, wieweit die eigene soziale Phantasie und die Realität übereinstimmen. ❑

Einfühlungsvermögen

(aus der Praxis gruppendynamischer Laboratorien)

Ziele: Das Experiment gibt den Teilnehmern Gelegenheit, ihr soziales Einfühlungsvermögen zu überprüfen und weiterzuentwickeln. Sie sollen dazu wichtige Elemente des Verhaltens in Gruppen (Gesprächsbeteiligung, Zufriedenheit, Dominanz etc.) bei sich selbst beurteilen, die Beurteilung durch die anderen Gruppenmitglieder einschätzen und anschließend Selbst- und Fremdeinschätzung miteinander vergleichen, um so das Ausmaß ihres sozialen Einfühlungsvermögens beurteilen zu können.

Teilnehmer: Ab 16 Jahren; gut geeignet für Lern- und Arbeitsgruppen, die interaktionelle Erfahrungen langsam einbeziehen wollen und keine großen psychischen Anstrengungen wünschen. Gruppengröße: sehr günstig ist eine Zahl von 16 bis 20 Teilnehmern.

Zeit: Sie brauchen 60 bis 90 Minuten.

Material: Für jeden Teilnehmer ein Formular „Einfühlungsvermögen".

Spielanleitung: Im ersten Teil der Sitzung findet eine Gruppendiskussion statt über ein Thema, das im Zusammenhang mit der normalen Gruppenaktivität stehen soll. Nach ca. 30 Minuten stoppen Sie die Diskussion.

Jeder Teilnehmer erhält ein Formular und wird aufgefordert, die Spalten A und B auszufüllen. Danach teilt er seine Antwort auf die Frage 1/B laut mit. Dann wird der Durchschnittswert in die entsprechende Spalte eingetragen. Dasselbe Verfahren wird für alle B-Fragen wiederholt, und in entsprechender Weise werden die Durchschnittswerte in die dazugehörige Spalte eingetragen.

Nun wird jeder aufgefordert, seinen Abweichungswert in die entsprechende Spalte einzutragen, d.h. die Differenz zwischen seiner eigenen Antwort auf die B-Fragen und den entsprechenden Werten der Gruppe. Die Abweichungswerte werden in die letzte Spalte eingetragen.

Jetzt findet das ausführliche Auswertungsgespräch mit der Datenanalyse statt. Die Antworten auf die A-Fragen sind entweder JA oder NEIN und die Verteilung der entsprechenden Antworten kann dadurch überprüft werden, dass die Teilnehmer die Hand entsprechend heben. Dabei können einzelne Teilnehmer erklären, was sie zu ihrer Antwort gebracht hat. Die

Einfühlungsvermögen
Wieviel Einfühlungsvermögen habe ich?

	A	B Wie viele Teilnehmer werden diese Frage mit JA beantworten?	Durchschnitt von **B**	Abweichungswert Differenz zwischen **B** und dem Durchschnitt
1 A Warst du mit der Diskussion in der Gruppe zufrieden?	Ja/Nein			
2 A Wäre es für die Gruppe hilfreich gewesen, wenn die Schweiger ihre Auffassungen stärker zum Ausdruck gebracht hätten?	Ja/Nein			
3 A Hast du den Eindruck, dass die Diskussion von zwei oder drei Teilnehmern beherrscht wurde?	Ja/Nein			
4 A Fühltest du dich während der Diskussion an einigen Stellen irritiert?	Ja/Nein			
5 A Konntest du so oft etwas sagen, wie du wolltest?	Ja/Nein			

Beantwortung der A-Fragen ist für die Einschätzung des Einfühlungsvermögens nicht so entscheidend wie die jeweilige B-Frage. Entscheidend sind die Antworten auf die B-Fragen und die Höhe des Abweichungswertes. Je geringer der Abweichungswert ist, desto größer ist das soziale Einfühlungsvermögen. Das heißt, je kleiner die Differenz ist zwischen der eigenen Antwort auf eine B-Frage und dem Gruppendurchschnittswert, desto stärker ist das betreffende Mitglied im Kontakt mit den psychischen Vorgängen in der Gruppe, dem Gruppenprozess.

Auswertung:
❍ Wie bin ich mit meinem Einfühlungsvermögen zufrieden?
❍ Überraschen mich die Ergebnisse?
❍ Welche Fragen haben bei den meisten Teilnehmern einen geringen bzw. einen hohen Abweichungswert?
❍ Was kann uns helfen, unsere Arbeitsweise und unsere Kommunikation zu verbessern, wenn wir die Ergebnisse dieser Übung berücksichtigen?

Erfahrungen: Das ist ein etwas theoretisches Experiment, das gleichwohl in vielen Gruppen ein nützliches Instrument sein kann. ❑

24

Apfelkiste
(K.W.Vopel)

Ziele: Informationen über die emotionale Befindlichkeit möglichst vieler Gruppenmitglieder sind für Gruppenleiter und Teilnehmer überaus wichtig. Je transparenter die soziale Struktur einer Gruppe ist, desto besser können sich die Mitglieder in der Regel entfalten.

Dieses Experiment wirkt wie ein Infrarot-Blitz, der die vorher teilweise unsichtbare momentane Befindlichkeit der einzelnen Teilnehmer oft auf verblüffende Weise erhellt.

Teilnehmer: Ab 10 Jahren. Gruppendynamische Vorerfahrungen sind nicht nötig.

Zeit: Je nach Gruppengröße zwischen 10 und 30 Minuten.

Spielanleitung: Ich möchte gemeinsam mit euch herausfinden, wie jeder sich im Augenblick in unserer Gruppe erlebt.

Setzt euch bitte bequem hin und schließt die Augen... Versucht, eine wirklich bequeme Lage zu finden...

Ich werde euch gleich bitten, eine kleine Phantasie zu versuchen:

Lasst euch dabei so viel Zeit, bis ihr das Bild klar vor euch seht. Wenn ihr das Bild klar gesehen habt, könnt ihr die Augen wieder öffnen.

Wartet dann bitte schweigend ab, bis alle anderen ihre Augen auch geöffnet haben.

Und jetzt stellt euch bitte Folgendes vor:

Die ganze Gruppe verwandelt sich in eine ganze Menge Äpfel, die in einer Kiste liegen...

Was siehst du?... Wie siehst du als Apfel aus?... Wo liegst du in der Kiste?... Wie sehen die Äpfel in deiner Umgebung aus?... Gib dem Bild Zeit, sich zu entwickeln...

Sobald alle Teilnehmer die Augen wieder geöffnet haben, beginnt die Auswertung. Lassen Sie in einem Rundgang die Teilnehmer zunächst kurz berichten, was sie gesehen haben.

Auswertung:
○ In welchem Zustand war der Apfel, der ich selbst bin?

71

Was sagt das über meine momentane Befindlichkeit aus, über meine Gefühle?
○ An welcher Stelle in der Kiste lag ich als Apfel?
Was sagt das darüber, wie ich meine soziale Stellung in der Gruppe einschätze?
○ Wie sahen die anderen Äpfel aus?
○ In welchem Behälter lagen die Äpfel?
○ Was sagt das über die Art und Weise, wie ich die Gesamtverfassung der Gruppe im Moment erlebe?
○ Wie fühle ich mich jetzt?

Erfahrungen: Ich mag diese Kurzphantasie und arbeite gern und erfolgreich damit. Bitte beachten Sie: Es ist eine soziale Momentaufnahme, die nicht überstrapaziert werden darf. Lassen Sie den Einzelnen selbst sagen, wie er seine Phantasie deutet und versteht. Es ist hübsch, wenn Sie im Anschluss das Phantasiebild malen lassen. ❏

25

Heißer Stuhl

(K.W.Vopel nach F. Perls und D. Malamud)

Ziele: Dieses „klassische" Feedbackspiel gibt jedem Teilnehmer die Möglichkeit zu hören, wie sein Verhalten auf die anderen wirkt. Es gibt jedem zugleich die Möglichkeit auszusprechen, welche gefühlsmäßige Reaktion er auf das Verhalten anderer in der Gruppe bei sich wahrnimmt.

Das Geben und Empfangen von Feedback ist einer der wichtigsten sozialen Lebensvorgänge, in der Familie wie in jeder Lern- und Arbeitsgruppe.

Wenn eine Gruppe an Feedback-Unterernährung leidet, gibt dieses Experiment ein geeignetes kräftiges Medikament.

Teilnehmer: Ab 14 Jahren. Die Gruppe sollte bereits einige gruppendynamische Vorerfahrungen haben und genügend Vertrauen untereinander. Nach Möglichkeit sollten nicht mehr als 20 Teilnehmer in der Gruppe sein. Auf jeden Fall sollen alle Gruppenmitglieder die Chance haben, auf den Heißen Stuhl zu gehen.

Zeit: Bei 20 Teilnehmern müssen Sie mit etwa drei Stunden rechnen, wenn gründlich gearbeitet werden soll.

Spielanleitung: Ich möchte euch ein Feedback-Experiment vorstellen. Es geht darum, dass jeder Gelegenheit bekommt, anderen gegenüber Kritik und Wertschätzung zu äußern bzw. zu hören, wieweit die anderen Teilnehmer ihm gegenüber Kritik und Wertschätzung mitzuteilen haben.

Wir wollen dabei folgendermaßen vorgehen:

Wer das Feedback anderer hören möchte, kann sich auf den Heißen Stuhl setzen. Zu diesem Zweck stellen wir einen freien Stuhl neben meinen Stuhl. Kritik und Wertschätzung sollen sich jeweils auf das Verhalten beziehen, das der Teilnehmer, der auf dem Heißen Stuhl sitzt, bisher in der Gruppe gezeigt hat. Derjenige, der das Feedback der anderen hören möchte, setzt sich also auf den Heißen Stuhl und sagt:

ICH MÖCHTE VON EUCH HÖREN, WAS EUCH AN MIR GEFÄLLT UND WAS EUCH NICHT GEFÄLLT.

Jetzt können alle Gruppenmitglieder nacheinander aufstehen, sich vor den Teilnehmer auf dem Heißen Stuhl stellen und ihm Feedback geben. Ich will dafür ein Beispiel geben: „Miriam, an dir gefällt mir, dass du gut zuhören kannst. Ich mag aber nicht, dass du immer auf den Boden siehst, wenn du mit mir sprichst. Ich hätte es lieber, dass du mich ansiehst, weil ich mich dann wohler fühle."

Es ist wichtig, dass jeder, der Feedback gibt, bereit ist, beides auszudrücken, nämlich Wertschätzung und Kritik. Das hat folgenden Grund: Einerseits glaube ich, dass es für denjenigen, der auf dem Heißen Stuhl sitzt, leichter ist, wenn er positive und negative Reaktionen auf sein Verhalten in der Gruppe zu hören bekommt. Zum anderen ist es wichtig, dass wir uns alle der Tatsache bewusster werden, dass wir an jedem Menschen beides entdecken können: Dinge, die uns gefallen und die uns nicht gefallen. Es ist unrealistisch, dass wir an jemandem nur Gutes oder nur Schlechtes sehen.

Sobald jemand auf dem Heißen Stuhl sitzt, können alle, die ihm etwas zu sagen haben, zu ihm gehen. Wichtig ist, dass ihr dabei aufsteht und ihm gegenübertretet. Ihr könnt euch so besser auf den Betreffenden konzentrieren und habt besseren Kontakt zu ihm.

Der Teilnehmer auf dem Heißen Stuhl hört sich schweigend alle Feedbacks an, er sagt nichts dazu. Auf diese Weise kann jeder üben, nicht sogleich zu einer Verteidigung oder Rechtfertigung anzusetzen, sondern zu versuchen, Feedback aufzunehmen, zu verdauen und erst später zu entscheiden, wieweit er sich ein Feedback zu Gemüte führen will, indem er sein Verhalten ändert, oder inwieweit er das Feedback als wenig nahrhaft wieder ausspucken will.

Wenn niemand mehr von selbst kommt, kann der Teilnehmer auf dem Heißen Stuhl selbst aktiv werden und Gruppenmitglieder, die noch nichts gesagt haben, fragen, ob sie ihm Feedback geben wollen.

Vielleicht ist er der Meinung, dass das eine oder andere Gruppenmitglied noch eine Reaktion auf ihn zurückhält, vielleicht möchte er erfahren, wie ein bestimmtes Verhalten in einer bestimmten Situation einen bestimmten Teilnehmer beeinflusst hat – dann kann er zum Beispiel sagen: „Elisabeth, willst du mir Feedback geben auf mein Verhalten gestern Abend auf unserem Spaziergang?"

Wenn der Teilnehmer auf dem Heißen Stuhl genug Feedback bekommen hat, kann er den Prozess abbrechen, indem er einen sehr wichtigen rituellen Satz sagt, der von euch allen in gleicher Form immer wieder gesagt werden soll:

VIELEN DANK, DASS IHR MIR DAS GESAGT HABT.

ICH WILL ES AUCH BEDENKEN.

UND ICH BIN NICHT AUF DER WELT, UM SO ZU SEIN, WIE IHR MICH HABEN WOLLT.

Dieser Satz hat eine besondere Bedeutung. Er bringt zum Ausdruck, dass beim Geben und Nehmen von Feedback zwei selbstständige Persönlichkeiten miteinander in Beziehung treten, dass der eine die Freiheit hat, Dinge zu sagen, die er gesehen hat, und seine Reaktion darauf, und dass der andere die Freiheit hat zu hören und dann zu entscheiden, was er damit machen will.

Es geht dabei nicht um eine Anpassungsprozedur an die Wünsche desjenigen, der Feedback gibt, sondern es geht darum, Informationen zu erhalten, sie aufzunehmen und dann zu entscheiden, was ich damit anfangen will.

Bitte denkt daran: Feedback geben heißt, ein Verhalten des anderen zu beschreiben, so konkret wie möglich – und dann zu sagen, welche Gefühle dieses Verhalten bei einem selbst ausgelöst hat.

Achten Sie bei diesem Spiel darauf, dass Feedback gegeben wird und nicht Lob oder Tadel ausgesprochen werden.

Es ist auch wichtig, die Struktur einzuhalten, wie sie hier beschrieben wird. Während des Spiels sollen keine Kommentare aus der Gruppe kommen.

Sie als Gruppenleiter können Modellfunktion übernehmen, indem Sie selbst zu den Teilnehmern gehen und handfestes Feedback geben.

Auswertung:
❍ Wie habe ich mich bei dem Experiment gefühlt?
❍ Welches Feedback will ich mir „hinter den Spiegel" stecken?
❍ Welches Feedback will ich als „Problem des Spenders" ausspucken?
❍ Habe ich genug Feedback erhalten?
❍ Wann und bei wem möchte ich in Zukunft häufiger um Feedback bitten?
❍ Wird in dieser Gruppe genug Feedback gegeben?
❍ Was möchte ich sonst noch sagen?

Erfahrungen: Es ist ein nützliches und zum Teil recht anstrengendes Spiel, das zu wichtigen Einsichten führen kann. Es verstärkt die Gruppenkohäsion in der Regel beträchtlich. Ich habe als Gruppenleiter fast immer die Chance benutzt, mir von der Gruppe die fälligen Quittungen für mein Wirken in der Gruppe geben zu lassen. ❑

26

Ich will rein!

(Encountertradition)

Ziele: In jeder Gruppe gibt es zeitweilig ein oder mehrere Mitglieder, die sich als nicht voll integriert erleben. Der Zusammenhalt der Gruppe leidet darunter, sodass es für den Leiter eine wichtige Aufgabe ist, solche „Außenseiter" in vitalen Austausch mit den übrigen Teilnehmern zu bringen. Dieses Experiment kann Ihnen dabei helfen. Grundlage ist folgende Hypothese: Die weitgehendste Re-Integration des Außenseiters kommt nicht zustande durch soziologische Analyse oder durch „Rot-Kreuz-Aktionen" der übrigen Teilnehmer, sondern nur durch eigene Anstrengung, die hier ganz physisch verstanden wird.

Teilnehmer: Ab 8 Jahren, soweit sie nicht an Rückenschwäche, Herzschäden etc. leiden. Wichtig ist ferner, dass Brillen abgelegt und scharfkantige Ringe, Armbänder, Uhren etc. beiseite getan werden. Am besten ziehen die Beteiligten auch die Schuhe aus.

Gruppengröße: 8 bis 10 Teilnehmer. Wenn die Gruppe größer ist, haben Sie zwei Möglichkeiten; Sie können mit nur einem Teil der Gruppe aktiv arbeiten – der Rest ist dann für die Dauer des Spiels „griechischer Chor"; oder Sie teilen die Gruppe in mehrere Kleingruppen auf.

Ich beschreibe Ihnen hier die erste Möglichkeit.

Zeit: Sie brauchen 10 bis 20 Minuten.

Raum: Ideal ist für dieses Experiment ein Raum mit Teppichboden. Auf jeden Fall müssen Sie dafür sorgen, dass Stühle, Tische etc. genügend weit von dem Raummittelpunkt entfernt werden können. Ein Teil der Gruppe kann evtl. als lebendige Mauer die Akteure vor der gefährlichen Umgebung abschirmen.

Spielanleitung: Ich möchte denen von euch ein Spiel vorschlagen, die sich im Augenblick etwas isoliert fühlen und die sich stärker zur Gruppe gehörig fühlen möchten. Ihr könnt im stillen schon einmal überprüfen, ob ihr gern das Experiment ausprobieren möchtet, das ich euch jetzt erklären will.

Derjenige, der sein Zugehörigkeitsgefühl zur Gruppe gern vertiefen möchte, soll folgendes tun: Er stellt sich zunächst etwas abseits außerhalb eines Kreises von Leuten, die sich in der Mitte des Raumes aufstellen. Die Leute in diesem Kreis, in den der „Außenseiter" einbrechen soll, stehen dicht beieinander, die Arme untergehakt; sie schauen zum Mittelpunkt des Kreises. Der Außenseiter muss nun versuchen, aus eigener Kraft in den Kreis zu gelangen; er kann dabei reißen, drücken, ziehen und zerren – er darf nur nicht schlagen. Die anderen, die ihm dabei die kalte Schulter zeigen, versuchen mit aller Kraft, den Eindringling nicht hereinzulassen. Sie müssen dabei stets untergehakt bleiben. Eine Strategie ist dem Außenseiter übrigens noch verwehrt: er darf nicht klettern.

Dem ganzen Spiel liegt eine wichtige Idee zugrunde: Ich muss selbst dafür sorgen, dass ich das bekomme, was ich haben will.

So, jetzt möchte ich noch sagen, dass der Außenseiter sich die Gruppe, in die er einbrechen will, selbst zusammenstellen kann. Auf diese Weise kann sich jeder seinen Widerstand maßschneidern...

Auswertung:
❍ Wie reagiere ich darauf, dass ich von dem Außenseiter für den Kreis gewählt wurde bzw. nicht gewählt wurde?
❍ Wen hat der Außenseiter zu dem Experiment aus der Gruppe gewählt?
❍ Wie ist der Außenseiter vorgegangen?
❍ Bei wem hat er den Durchbruch versucht?
❍ Bei wem hat er ihn nicht versucht?
❍ Wie waren seine Beziehungen zu diesen Gruppenmitgliedern vor dem Experiment?
   Hat sich jetzt etwas verändert?
❍ Wie fühlt sich der Einbrecher jetzt?
❍ Was kann er in Zukunft tun, damit er sich besser integrieren kann?
❍ Was können die anderen tun?
❍ Wie fühle ich mich jetzt?

Erfahrungen: Das Erlebnis des Einbrechens hinterlässt bei dem Außenseiter fast immer ein Gefühl starker Erleichterung und vertiefter Zugehörigkeit. Die beabsichtigte Integration ist nur möglich, wenn die Gruppe wirklich Widerstand leistet und wenn das Einbrechen eine harte körperliche Anstrengung erfordert. Das kann durchaus einige Minuten dauern.

Wenn ein Gruppenmitglied auch nach harter Anstrengung den Durchbruch nicht schafft, können Sie eine Änderung der Spielregeln vorschlagen: Begrenzung der Widerstandskräfte des Kreises, z. B.: Alle stehen nur Schulter an Schulter, ohne die Arme zu verhaken. Schlagen Sie eine solche Erleichterung jedoch nicht zu früh vor. Sie nehmen sonst dem Einbrecher unter Umständen das Gefühl, allein, ohne Hilfe, einen Widerstand überwunden zu haben.

Dieses Experiment kann außerordentlich befreiende Auswirkungen haben, wenn es der Gruppenleiter zur rechten Zeit vorschlägt. Die Voraussetzung ist eine genügende Offenheit und Aufrichtigkeit in der Gruppe, die es ermöglicht, dass die Gruppenmitglieder überhaupt sagen mögen, dass sie sich einsam und allein fühlen. ❏

Kapitel 6
Umgang mit Einfluss, Macht und Konkurrenz

27

Du hast, was ich haben möchte

(Improvisationstheater)

Ziele: Die Zusammenarbeit in Gruppen leidet oft darunter, dass die einzelnen Gruppenmitglieder nicht in der Lage sind, ihre Bedürfnisse und Ziele zu erkennen, auszusprechen und offen für ihre Erfüllung einzutreten. Klipp und klar sagen zu können, was ich will bzw. was ich nicht will, das ist für viele Menschen schwer.

Dieses Experiment bietet eine ausgezeichnete Möglichkeit, in der übersichtlichen und relativ sicheren Kommunikationssituation der Paarverbindung herauszufinden, auf welche Weise, mit welchen Tricks und Manövern ich vorgehe, wenn ich Einfluss nehme: Wie versuche ich, mir selbst einen Wunsch zu erfüllen und etwas zu bekommen? – Wie lehne ich unerwünschte Bedürfnisse anderer ab? – Wie sage ich Nein?

Teilnehmer: Ab 14 Jahren; auch für gruppendynamische Neulinge. Das Experiment löst wenig Angst aus, macht in der Regel auch ängstlichen Teilnehmern viel Spaß. Die Gruppengröße ist beliebig.

Zeit: Sie brauchen mindestens 30 Minuten.

Spielanleitung: Ich möchte euch eine Paarübung vorschlagen, bei der ihr herausfinden könnt, wie ihr euch verhaltet, wenn ihr etwas haben wollt bzw. wenn eure Partner etwas von euch haben wollen.

Bitte wählt euch einen Partner aus, den ihr gern besser kennenlernen wollt...

Verteilt euch im Raum und setzt euch einander gegenüber... Schaut euch an... Bitte entscheidet jetzt in jedem Paar, wer von euch A und wer B sein soll...

Jetzt werdet euch bewusst, wie ihr entschieden habt, wer A und wer B sein wird. Übernahm einer von euch die Verantwortung und entschied? Und wenn es so war: Entschied er dann für sich selbst: „Ich will A sein"? Oder entschied er für seinen Partner: „Du sollst B sein"? Versuchte einer von euch beiden, die Verantwortung zu vermeiden und den anderen zu zwingen, zu einer Entscheidung zu kommen, indem er selbst wartete, die Schultern zuckte und sagte: „Was möchtest du?"... Bitte diskutiert das für zwei Minuten und prüft, ob dieser Entscheidungsprozess etwas von dem ausdrückt, wie ihr normalerweise vorgeht, wenn ihr eine Entscheidung treffen müsst...

Ich möchte gern, dass ihr euch beide vorstellt, dass A etwas hat, was für ihn wichtig ist, was er auf jeden Fall behalten möchte, was B andererseits aber gern bekommen will. Bitte diskutiert nicht miteinander, was diese begehrenswerte Sache sein könnte. Das soll ein Geheimnis bleiben, damit ihr euch besser auf den Prozess der wechselseitigen Einflussnahme konzentrieren könnt..

Sprecht so zueinander, als ob ihr beide wüsstet, was es ist. Ihr könnt euch also irgendetwas darunter vorstellen, was ihr wollt, aber sagt eurem Partner auf keinen Fall, an was ihr denkt...

B kann mit dem Dialog beginnen, indem er sagt: „Ich möchte es haben." Und A kann dann antworten: „Ich will es dir nicht geben" usw. Bitte behaltet im Auge:

A gibt B die begehrte Sache nicht.

Ihr sagt nicht, um was es sich handelt.

Beginnt jetzt mit eurem Dialog, für den ihr fünf Minuten Zeit habt...

Jetzt wechselt bitte die Rollen, sodass jetzt B ein begehrtes Objekt hat, das A in seinen Besitz bekommen möchte. Bitte führt wieder einen Dialog, der fünf Minuten dauert...

Jetzt schließt eure Augen und denkt darüber nach, was während dieses Gesprächs zwischen euch vorgegangen ist. Wessen wart ihr euch über euch selbst bewusst und was bemerktet ihr bei eurem Partner?...

Wie stelltet ihr es an, die begehrte Sache zu bekommen?...

Stelltet ihr Forderungen und Drohungen, oder versuchtet ihr, den anderen zu bestechen und zu beschwatzen? – Klagtet ihr? – Betteltet ihr? – Versuchtet ihr, dem anderen Schuldgefühle zu machen? – Benutztet ihr die Logik, um den Partner zu überzeugen, dass er euch die Sache geben muss?...

Wie habt ihr andererseits die Versuche des Partners abgewehrt, als er das begehrenswerte Objekt haben wollte von euch?... Versuchtet ihr es mit Entschuldigungen und Ablenkungen? – Konntet ihr überhaupt standhaft bleiben und ein klares Nein sagen?...

Wie fühltet ihr euch in jeder Rolle? – War es schön für euch, die Herausgabe der begehrten Sache zu verweigern, oder wolltet ihr lieber nachgeben und dem anderen einen Gefallen tun? – Auch auf eure Kosten?...

Versucht ernsthaft, die wichtigen Einzelheiten in eurem Verhalten zu erforschen und euch darüber klarer zu werden...

Geben Sie den Teilnehmern hierfür ca. drei Minuten Zeit.

Jetzt öffnet eure Augen und sprecht miteinander darüber, was ihr herausgefunden habt. Ihr habt fünf Minuten Zeit dafür...

Ich möchte, dass ihr bemerkt, dass das nicht nur ein Spiel ist. Dabei kann deutlich werden, wie ihr in spezifischer Weise mit anderen Leuten umgeht, wie ihr euch verhaltet, wenn ihr von irgendjemandem etwas bekommen wollt oder wenn irgendjemand etwas von euch will. Bitte lasst euch noch zwei Minuten Zeit, um in aller Stille darüber nachzudenken, was ihr über euch selbst gelernt habt.

Zum Beispiel könnt ihr zu euch sagen: „Das bin ich. Wenn ich etwas haben möchte, versuche ich, dem anderen Schuldgefühle zu machen, wenn er das, was ich haben will, selbst behalten möchte."

Denkt ein paar Minuten darüber nach... (2 Min.)

Jetzt sprecht mit eurem Partner noch einmal kurz über das, was ihr herausgefunden habt...

Bitten Sie die Gruppe zu einem kurzen Reaktionsaustausch ins Plenum. Sie können bei diesem ausgefeilten Spiel auf eine längere Auswertung verzichten und Kurzreaktionen von den Paaren erbitten, um den Zusammenhalt in der Gesamtgruppe wieder herzustellen. Sie können natürlich auch eine gründliche Auswertung beginnen, wenn Zeit und Gruppenaktivität das gestatten bzw. nahelegen.

Auswertung:

○ Was fiel mir leichter: meine Ansprüche anzumelden oder die Ansprüche des anderen abzuwehren?

○ Wie bin ich jeweils vorgegangen?
Erkenne ich ein Verhaltensmuster, das ich auch sonst zeige?

○ Was habe ich bei meinem Partner beobachtet?

○ Habe ich meinen Partner besser kennengelernt?

○ Wie fühle ich mich jetzt?

Erfahrungen: Das ist ein klassisches Kommunikationsexperiment im Bereich der Macht- und Einflussprobleme, das fast immer gut abläuft. Das Experiment ist zum Beispiel geeignet als Spiel bei der Bearbeitung der Einflussproblematik, auch als Lernhilfe und Mittel der Aktivierung für solche Gruppenmitglieder, die sich zurückhalten, persönliche Bedürfnisse anzumelden. „Du hast, was ich haben möchte" eignet sich auch sehr am Anfang einer Gruppe als Eisbrecher, der zu wichtigen persönlichen Einsichten führen kann. ❑

28

Auf der Wippe

(K.W.Vopel)

Ziele: Dieses Phantasie-Experiment gibt dem einzelnen Teilnehmer die Möglichkeit wahrzunehmen, wie er die Einfluss- und Machtverhältnisse zwischen sich und einer wichtigen Bezugsperson erlebt.

Teilnehmer: Ab 10 Jahren. Voraussetzung ist lediglich Zutrauen zur eigenen Imaginationskraft, die – unbewusst – ja von jedem jederzeit benutzbar ist. Die Gruppengröße ist beliebig.

Zeit: Bei 20 Teilnehmern müssen Sie mit 30 bis 45 Minuten rechnen.

Spielanleitung: *„Auf die Wippe" können Sie – je nach Lern- und Gruppensituation – jede wichtige Bezugsperson der Teilnehmer setzen, also beispielsweise ein Elternteil, Geschwister, den Chef, den Lehrer usw.*
Für die Anleitung hier wähle ich als Bezugsperson den Gruppenleiter.
Lasst uns jetzt ein kleines Phantasie-Experiment machen, das uns helfen kann, etwas mehr über eure Beziehung zu mir zu erfahren. Bitte schließt die Augen und lehnt euch auf eurem Stuhl bequem zurück...
Nehmt euch einen Augenblick Zeit, um euch eures Körpers bewusst zu werden... Welche Signale erhaltet ihr?... Zu welchem Körperteil habt ihr im Augenblick wenig Kontakt?...
Bitte achtet auf euren Atem und atmet langsam und tief ein und aus... Jetzt stell dir vor, du bist mit mir auf einem Spielplatz. Die anderen Teilnehmer unserer Gruppe spielen an verschiedenen Sportgeräten, die dort sind. Ich lade dich ein, mit mir zu einer großen Wippe zu gehen... Wir setzen uns auf die Plätze der Wippe... Was siehst du?... Was geschieht?... In welcher Position pendelt sich der Wippbalken ein?... Ist einer oben und einer unten? Sind wir beide auf gleicher Höhe?... Wenn du möchtest, kannst du dir einige Hilfskräfte aus der Gruppe holen, die sich auf deinen Balkenteil setzen... Wen holst du?... Was geschieht nun?... Achte auf deine Gefühle... Was würdest du jetzt am liebsten tun? Versuche, das zu tun...
Wie fühlst du dich jetzt?...
Ich werde dich gleich bitten, die Augen wieder zu öffnen und uns deine Phantasie zu erzählen. Berichte dann bitte im Präsens, so als ob du jetzt mit mir auf der Wippe sitzt. Bitte öffne jetzt die Augen...

Auswertung:

○ In welcher Position war ich auf dem Wippbalken? Was bedeutet das für mich?

○ Was habe ich dabei gefühlt?

○ Habe ich mir Hilfskräfte geholt?
Wenn ja: wen?

○ Wie kann ich mehr bzw. weniger „Gewicht" gegenüber dem Gruppenleiter bekommen?

○ Was will ich in der Beziehung zum Gruppenleiter in Zukunft ändern?

○ Wie erlebe ich meine eigene Macht im Umgang mit Autoritätspersonen?

Erfahrungen: Diese Kurzphantasie ist eine ausgezeichnete Möglichkeit, an die wirklichen Beziehungen des Einzelnen zum Gruppenleiter heranzukommen. Die Position „oben" ist in der Regel der Platz des Schwächeren; die Position „unten" der des Stärkeren. ❏

29

Genie und Idiot
(nach G. Castillo)

Ziele: Hier können sich die Teilnehmer Ihrer Gruppe sinnvoll auf Wettbewerbs- und Stresssituationen vorbereiten, indem sie experimentell ihren inneren Idioten (die schlimmste und größte Unfähigkeit) und ihr inneres Genie (das größte und idealste Können) ausagieren.

Der gefühlsmäßige Kontakt zu diesen beiden Extremen hilft den Teilnehmern, sich von der hypnotischen Wirkung übermäßigen Erfolgszwangs bzw. übermäßiger Misserfolgsfurcht zu befreien und realistischer und unbefangener mit den Herausforderungen des Alltags fertigzuwerden.

Das Experiment eignet sich zum Beispiel vorzüglich als psychohygienische Maßnahme zur Examensvorbereitung!

Teilnehmer: Ab 12 Jahren.

Zeit: Rechnen Sie mit ca. 30 Minuten.

Material: Für jeden Teilnehmer brauchen sie zwei alte Zeitungen.

Spielanleitung: Mit dem folgenden Experiment möchte ich euch helfen, besser mit Wettbewerbssituationen umgehen zu können und ein realistischeres Selbstvertrauen zu entwickeln.

Bitte wählt euch einen Partner, auf den ihr neugierig seid...

Nehmt jetzt eine Zeitung und rollt sie zusammen. Fasst jeder ein Ende der Zeitung an und stellt euch vor, dass zwischen euch eine imaginäre Linie ist, über die ihr euren Partner ziehen wollt, ohne jedoch die Zeitung dabei zu zerreißen. Wenn ihr die Zeitung zerreißt, nehmt eine neue und versucht es noch einmal... (1 Min.)

Nun wählt euch einen neuen Partner...

Der Größere von euch ist A, der Kleinere B. Ich möchte, dass A sich sein inneres Genie vorstellt, den Teil in sich, der auf alles eine Antwort weiß und der alle Probleme lösen kann. A soll gleich dieses Genie sein, wenn er versucht, den Partner an der Zeitung über die imaginäre Linie zu ziehen. B soll ganz normalen Widerstand leisten, wie er das vorher auch tat... (1 Min.)

Tauscht euch jetzt darüber aus, was anders war als beim ersten Mal mit dem vorigen Partner... (1 Min.)

Nun wechselt die Rollen, sodass jetzt B ein Genie ist und A ganz normalen Widerstand leistet... (1 Min.)

Sprecht wieder zusammen, was jetzt anders war als beim ersten Mal mit dem anderen Partner... (1 Min.)

Nun sucht euch wieder einen neuen Partner...

A ist wieder der Größere, der Kleinere ist B. A soll jetzt an seinen inneren Idioten denken, an den Teil seiner Person, der nie etwas richtig macht, der immer Fehler begeht und immer Hilfe braucht. A soll gleich als sein eigener innerer Idiot versuchen, den Partner an der Zeitung über die Linie zu ziehen. B soll wieder ganz normalen Widerstand leisten... (1 Min.)

Besprecht jetzt miteinander, was ihr erfahren habt... (1 Min.)

Nun tauscht die Rollen, sodass B jetzt als sein eigener innerer Idiot versucht, den Partner über die Linie zu ziehen. A soll ganz normalen Widerstand leisten... (1 Min.)

Tauscht euch wieder aus über eure Erfahrungen... (1 Min.)

Nun wählt noch einmal einen neuen Partner...

Überlegt euch beide insgeheim, welche Rolle ihr spielen wollt, Genie oder Idiot – aber sagt dem Partner nicht, wofür ihr euch entscheidet.

Versucht jetzt, den Partner über die Linie zu ziehen. Versucht dabei herauszufinden, welche Rolle der Partner gewählt hat... (1 Min.)

Besprecht jetzt, was ihr bemerkt und erfahren habt...

Wechselt noch ein paarmal die Partner und entscheidet euch jeweils für die eine oder andere Rolle... (5 Min.)

Stoppt jetzt und bleibt bei eurem letzten Partner. Setzt euch mit ihm zusammen und sprecht mit ihm über die folgenden Fragen: Was passierte, als ich mein Genie spielte? – Was, als ich meinen Idioten spielte?

Ihr habt fünf Minuten Zeit für euer Gespräch...

Auswertung:
❍ Wie fühlte ich mich bei diesem Experiment?
❍ Wann spiele ich im Alltag die Rolle des Genies?
   Wann verhalte ich mich so, als ob ich mehr wüsste, als es meinen tatsächlichen Kenntnissen entspricht?
❍ Wann spiele ich im Alltag die Rolle des Idioten?
   Wann verhalte ich mich so, als ob ich mehr Hilfe benötigte, als ich tatsächlich brauche?
❍ Wann kann die Rolle des Genies mir nützlich sein?
   Wann ist sie eher schädlich?

○ Wann kann die Rolle des Idioten mir nützlich sein?
  Wann ist sie eher schädlich?
○ Wie fühle ich mich jetzt?

Erfahrungen: Es ist hier besonders wichtig, dass Sie bei der Auswertung die Teilnehmer herausarbeiten lassen, was die realen Vor- und Nachteile der Genie- bzw. Idiotenrolle sind. Besonders wichtig ist auch, dass die Teilnehmer erkennen, dass beide extremen Rollen viele eklatante Nachteile für sie bringen. ❏

30

Überlegen – unterlegen

(nach Gestalt-Prinzipien)

Ziele: Durch dieses einfache Experiment können die Teilnehmer Ihrer Gruppe sich bewusster werden, wie sie mit eigenen und fremden Gefühlen von Überlegenheit und Unterlegenheit umgehen.

Teilnehmer: Ab 10 Jahren. Die Gruppengröße ist beliebig.

Zeit: Sie brauchen ca. 15 Minuten.

Spielanleitung: Manchmal fühlen wir uns den Leuten in unserer Umgebung überlegen, und manchmal ist das Gegenteil der Fall.

Ihr könnt in diesem Experiment mit diesen beiden Gefühlslagen experimentieren.

Steht bitte auf und geht langsam im Raum umher... (15 Sek.)

Stell dir jetzt vor, dass du allen anderen hier überlegen bist. Wie bewegst du dich?... Wie fühlst du dich?... (15 Sek.)

Welche Gesten verwendest du?... Wie hältst du deinen Kopf, und was drückt dein Gesicht aus?... (15 Sek.)

Stoppt bitte und bleibt einen Augenblick stehen...

Stell dir jetzt vor, dass du allen anderen hier unterlegen bist... Beginne wieder herumzugehen... Wie bewegst du dich nun?... Wie fühlst du dich?... (15 Sek.)

Wie bewegst du deine Arme?... Wie hältst du deinen Kopf, und was drückt dein Gesicht aus?... (15 Sek.)

Stoppt wieder und sucht euch jetzt einen Partner aus...

Ich möchte, dass ihr gleich einen Bewegungsdialog beginnt, bei dem der Größere von euch einen überlegenen Menschen spielt. Drückt durch Bewegungen und Gesten eure Existenz aus und führt auf diese Weise einen Dialog mit dem Kleineren, der die Rolle eines unterlegenen Menschen übernehmen soll... (90 Sek.)

Stoppt jetzt und sprecht kurz miteinander über eure Erfahrungen. Ich möchte, dass der Überlegene dem Partner sagt, welche Möglichkeiten ihm seine Überlegenheit bietet. Was kannst du in deiner Position tun? – Was siehst du? – Wie fühlst du dich? – Welche Gefühle hast du für den Unterlegenen?... (2 Min.)

Jetzt möchte ich, dass der Unterlegene dem Partner sagt, welche Möglichkeiten ihm seine Unterlegenheit bietet. Was kannst du in dieser Position sehen? – Was kannst du tun? – Wie fühlst du dich? – Welche Gefühle hast du für den überlegenen Partner?... (2 Min.)

Nun wechselt die Rollen, sodass der Größere von euch jetzt einen unterlegenen und der Kleinere einen überlegenen Menschen spielt. Führt wieder einen Bewegungsdialog... (1 Min.)

Nun beginnt einen Bewegungsdialog, der euch gestattet, euch als gleichberechtigte Partner zu fühlen... Wie bewegt ihr euch? Was könnt ihr sehen?... Was könnt ihr tun?... Wie fühlt ihr euch?... Welche Gefühle habt ihr für den Partner?... (1 Min.)

Stoppt und tauscht euch kurz darüber aus, wie ihr diesen letzten Schritt erfahren habt... (1 Min.)

Auswertung:
❍ Welchen Nutzen habe ich vom Überlegenheitsgefühl?
   Welche Nachteile?
❍ Welchen Nutzen habe ich vom Unterlegenheitsgefühl?
   Welche Nachteile?
❍ Warum fühle ich mich in dieser Gruppe eher überlegen?
❍ Wann fühle ich mich in dieser Gruppe eher unterlegen?
❍ Wie fühle ich mich jetzt?

Erfahrungen: Dieses Experiment eignet sich ausgezeichnet für Jugendgruppen und Schulklassen.

Variation: Sie können dieselbe Struktur benutzen für andere Polaritäten: Elternteil – Kind, Junge – Mädchen, Chef – Angestellter etc.   ❑

Kapitel 7
Konsensus
und
Kooperation

31

Arbeitsgruppen bilden
(K.W.Vopel)

Ziele: Dies ist ein sehr wirksames Interaktionsspiel, um eine Großgruppe in mehrere funktionierende Arbeitsgruppen aufzuteilen.

Teilnehmer: Ab 12 Jahren. Die Gruppengröße ist beliebig.

Zeit: Zwischen 20 und 90 Minuten – abhängig von der Gruppengröße und -situation.

Spielanleitung: Ich möchte euch zeigen, wie ihr kooperationsfähige Kleingruppen bilden könnt. Damit die Kleingruppen auch wirklich funktionieren, soll die Gruppenbildung in einem Prozess stattfinden, bei dem möglichst frei und transparent ausgehandelt werden soll, wer mit wem kooperieren will. Die Voraussetzung dafür ist, dass ihr aufrichtig eure Wünsche und Reaktionen äußert.
Zunächst brauche ich (...) Freiwillige.
Sie brauchen so viele Freiwillige, wie Kleingruppen entstehen sollen. Bei einem Plenum von 30 Teilnehmern und einer gewünschten Kleingruppengröße von sechs Teilnehmern brauchen Sie also fünf Freiwillige.
Die Freiwilligen sollen als Ausgangspunkt für die zu bildenden Gruppen dienen. Bedenkt, dass die Freiwilligen nachher nicht miteinander in einer Gruppe kooperieren können. Wer stellt sich als Freiwilliger zur Verfügung?...
Die Freiwilligen setzen sich jetzt bitte in die Mitte des Kreises auf den Fußboden...
Nacheinander könnt ihr gleich ein weiteres Mitglied aus der Gruppe auffordern, zu euch zu kommen. Sagt dann dem Betreffenden kurz, was die Basis eurer Wahl ist. Der Gewählte hat das Recht, die Wahl abzulehnen. Dann kann der Betreffende eine andere Wahl vornehmen. Legt bitte vorher fest, in welcher gleichbleibenden Reihenfolge ihr wählen wollt...
Jetzt besteht die Kleingruppe bereits aus zwei Teilnehmern, und nun wird die Sache komplizierter. Jetzt hat nämlich der Neuankömmling ein Vorschlagsrecht. Er soll dem ersten Mitglied sagen, wen er aus welchen Gründen in diese Kleingruppe einladen möchte. Er muss sich jedoch nach dem Konsensusprinzip mit dem ersten Mitglied der Kleingruppe einigen, d.h. dieser muss zustimmen...

Und nun bedenkt eine wichtige Grundregel: Es darf nur einer zur Zeit sprechen, damit alle anderen Teilnehmer mitbekommen, was geschieht. Auf diese Weise wird gewährleistet, dass der gesamte Wahlvorgang transparent bleibt.

Und wieder gilt, dass der Eingeladene die Wahl ablehnen kann, indem er seine Ablehnung begründet. So geht es weiter, bis alle Gruppenmitglieder ihren Platz in einer Kleingruppe gefunden haben...

Auswertung:

❍ Wie habe ich mich bei dem Experiment gefühlt?
❍ War ich attraktiv genug für die anderen?
❍ Habe ich offen meine Wünsche geäußert?
❍ Wurden Ablehnungen ausgesprochen?
❍ Wurde wirklich nach dem Konsensusprinzip über die Zuwahl entschieden?
❍ Fühlt sich jemand verletzt?
❍ Wie gut könnte ich mit der neuen Gruppe arbeiten?

Erfahrungen: Auf die beschriebene Weise entstehen in der Regel wirklich kooperationsfähige Teams, da die wechselseitigen Einschätzungen und Bedürfnisse rechtzeitig berücksichtigt werden können, nämlich bereits bei der Bildung der Gruppe.

Das Experiment führt allerdings zu einem gewissen Stress durch die Möglichkeit, Ablehnungen auszusprechen, und durch das schrittweise Wahlverfahren, bei dem es erste und letzte gibt. Die Teilnehmer, die zuletzt gewählt werden, empfinden ihre Situation oft als unangenehm. Um hier einen gewissen Ausgleich zu schaffen, mache ich es meistens so, dass ich die letzten zwei oder drei Teilnehmer das Prinzip umdrehen lasse, indem sie sich eine Gruppe aussuchen, in der sie mitarbeiten wollen. Allerdings muss die Gruppe wieder zustimmen. ❑

32

Firma gründen
(K.W.Vopel)

Ziele: Bei diesem Experiment können die Teilnehmer gemeinsam Entscheidungen treffen.

Teilnehmer: Ab 16 Jahren. Gruppengröße bis zu 12 Teilnehmern. Größere Gruppen teilen Sie bitte in Kleingruppen auf.

Zeit: Sie benötigen eine Stunde etwa für das Experiment selbst. Hinzu kommt die Zeit für die Auswertung.

Spielanleitung: Ihr könnt gleich üben, gemeinsam Entscheidungen zu treffen.

Stellt euch vor, ihr seid Mitglieder eines Teams. Ihr seid verpflichtet, ein Jahr lang zusammenzuarbeiten, dann könnt ihr wieder auseinandergehen. Ihr habt alle persönlichen und beruflichen Möglichkeiten, die ihr de facto habt. Ihr dürft euch allerdings nirgends allein oder als Gruppe anstellen lassen, sondern ihr müsst zusammenarbeiten, und zwar im Rahmen einer selbstständigen Firma. Was diese Firma tut, wie sie geführt wird etc. könnt ihr selbst festlegen.

Ihr bekommt ein Startkapital von 200.000 Euro. Ihr müsst so planen, dass ihr das Kapital nicht in diesem einen Jahr verbraucht. Andere Einkünfte und Personen habt ihr nicht.

Eure Aufgabe ist es, euch zu einigen, in welchem Bereich die Firma tätig werden soll, wer was im Rahmen der Firma tut etc. Arbeitet einen möglichst differenzierten Plan aus und stellt sicher, dass bei allen Beschlüssen Einstimmigkeit herrscht. Abstimmungen sind nicht zulässig.

Ihr habt 60 Minuten Zeit für eure Diskussion...

Auswertung:
○ Wie habe ich mich bei diesem Experiment gefühlt?
○ Wieweit haben wir uns geeinigt?
  Welche Beschlüsse basieren auf einem soliden Konsens?
  Welche nicht?
○ Wie konnte ich mich an der Planung beteiligen?
○ Welche Verhaltensweisen anderer Teilnehmer fand ich angenehm?
  Welche fand ich störend?

○ Wurden Störungen ausgesprochen?
○ Was sagt das Experiment über unsere Fähigkeiten, Entschlüsse zu fassen?
○ Was würde es für mich bedeuten, wenn das Experiment Wirklichkeit würde?

Erfahrungen: Das Experiment gibt den Teilnehmern in der Regel Gelegenheit, die persönlichen und beruflichen Ressourcen zu diskutieren. Insofern kommt meist auch ein umfangreicher Feedbackprozess in Gang.

Besonders geeignet ist das Experiment für natürliche Gruppen in Organisationen, die auf diese Weise testen können, wie gut sie komplexe Aufgaben in begrenzter Zeit sinnvoll strukturieren und lösen können.

Variation: Sie können nach 45 Minuten die Spielregel ändern, indem Sie den Teilnehmern mitteilen, dass sich ggf. auch zwei Teams bilden können, wobei dann das Startkapital nach Kopfstärke der Teams verteilt wird. Hierdurch wird eine evtl. vorhandene Fraktionierung der Gruppe transparent. ❏

Gesamtverzeichnis
der Interaktionsspiele
Teil 1 bis 6

Akzeptierung und Angstabbau in der Anfangsphase

Wahrnehmen und Kommunizieren

Aktivierung bei Müdigkeit und Unlust

Entwicklung von Vertrauen und Offenheit

Konsensus und Kooperation

Personal Growth

Rollen flexibler spielen

Für ein freundliches Gruppenklima

iskopress

Klaus W. Vopel
Spiele die verbinden
Teil 1+2
Offenheit und Vertrauen in
der Anfangsphase
Teil 1: 160 Seiten, ISBN 978-3-89403-331-6
Teil 2: 165 Seiten, ISBN 978-3-89403-332-3
Paperback

Klaus W. Vopel
Handbuch für
Gruppenleiter/innen
Zur Theorie und Praxis der
Interaktionsspiele
224 Seiten, Fadenheftung
ISBN 978-3-89403-099-5

Klaus W. Vopel
Das rote Buch der Gruppen
Für eine neue Gruppenkultur
224 Seiten, Paperback
ISBN 978-3-89403-333-0

Klaus W. Vopel/Dietrich Petzold
Farbmeditationen
Wohlgefühl durch Farben,
Bilder, Klänge
Spielzeit 77 Minuten
ISBN 978-3-89403-023-0

Neues für Gruppenarbeit und Therapie